Aloys von Orelli

Geschichte der Kirchgemeinde St. Peter in Zürich

Rechtshistorischer Beitrag zur Beleuchtung der Ausscheidungsfrage

Aloys von Orelli

Geschichte der Kirchgemeinde St. Peter in Zürich
Rechtshistorischer Beitrag zur Beleuchtung der Ausscheidungsfrage

ISBN/EAN: 9783743668522

Hergestellt in Europa, USA, Kanada, Australien, Japan

Cover: Foto ©ninafisch / pixelio.de

Weitere Bücher finden Sie auf **www.hansebooks.com**

Geschichte

der

Kirchgemeinde St. Peter in Zürich.

Rechtshistorischer Beitrag

zur

Beleuchtung der Ausscheidungsfrage

von

Dr. Aloys v. Orelli.

Zürich,
in Commission bei S. Höhr.
1871.

Seinem hochverehrten Freunde

dem Herrn

Professor D^r. Georg v. Wyss

zur Erinnerung

an

gemeinsame Arbeit

gewidmet.

Die geschichtliche Ansicht der Rechtswissenschaft wird völlig verkannt und entstellt, wenn sie häufig so aufgefasst wird, als werde in ihr die aus der Vergangenheit hervorgegangene Rechtsbildung als ein Höchstes aufgestellt, welchem die unveränderte Herrschaft über die Gegenwart und Zukunft erhalten werden müsse. Vielmehr besteht das Wesen derselben in der gleichmässigen Anerkennung des Werthes und der Selbstständigkeit jedes Zeitalters und sie legt nur darauf das höchste Gewicht, dass der lebendige Zusammenhang erkannt werde, welcher die Gegenwart an die Vergangenheit knüpft, und ohne dessen Kenntniss wir von dem Rechtszustand der Gegenwart nur die äussere Erscheinung wahrnehmen, nicht das innere Wesen begreifen.

Savigny in der Vorrede zum System
des heutigen römischen Rechts,
pag. XIV.

Vorwort.

Seit alten Zeiten sind die Verhältnisse der St. Peters Gemeinde in Zürich höchst eigenthümliche und von denjenigen der übrigen Kirchgemeinden des Kantons abweichender Natur. Einerseits sind nämlich in dem nicht unbeträchtlichen Kirchengut auch Pfrundgüter enthalten und es besoldet daher nicht der Staat, sondern die Gemeinde selbst ihre Geistlichen; andererseits haben sich im Laufe der Jahrhunderte um die alte Mutterkirche Filialen (sog. Ausgemeinden) gruppirt, die nach und nach fast selbstständige Kirchgemeinden geworden sind, während die städtische Stammgemeinde in den Fesseln eines veralteten Gesammt-Organismus gebunden blieb. Eine richtige Lösung dieser Anomalie ist das unabweisliche Bedürfniss der Gegenwart. Zwar tritt an den Anhänger der historischen Rechtsschule die Frage heran, ob es sich rechtfertigen lasse, einen seit Jahrhunderten bestehenden und auch in den Herzen vieler Gemeindegenossen tief wurzelnden kirchlichen Verband zu lösen; allein wo ein Organismus nicht mehr lebensfähig ist, soll er einer gesunden Neubildung weichen. Desshalb wurde ein Wort Savigny's als Motto unserer Darstellung vorangestellt.

Während der Zeit, da der Verfasser die Ehre gehabt hatte, Mitglied der St. Petrinischen Kirchenpflege zu sein, war es sein eifriges Bestreben gewesen, eine allseitig befriedigende Lösung der so äusserst schwierigen und verwickelten

Ausscheidungsfrage anzubahnen. Wohl ist es Sache des Gesetzgebers, sei es direkte durch ein neues Kirchengesetz, sei es durch ein Spezialgesetz in Folge einer Petition der Gemeinde, die Trennung zu sanktioniren und die Ausgemeinden zu vollberechtigten Kirchgemeinden zu erheben. Allein damit ist nun die ökonomische Auseinandersetzung noch nicht bereinigt und wir stünden erst am Anfang grosser Verwickelungen. Umgekehrt, sind diese Schwierigkeiten gehoben, so wird man viel eher Lust und Muth haben, das durchzuführen, was wahrhaft Noth thut. Diese Gedanken leiteten den Verfasser bei seiner sachbezüglichen Motion im Schoosse der Kirchenpflege (s. S. 87 ff.) und seiner weitern sich hieran anknüpfenden Arbeiten. In diesen Bestrebungen und Anschauungen ist er durch den frühern Präsidenten der Behörde, Herrn Professor G. v. Wyss, ermuthigt und unterstützt worden. Auch dieser hatte erkannt und es öffentlich ausgesprochen, dass die unabweisliche und nächste ernste Aufgabe für unsere St. Petrinische Gesammtgemeinde die Umbildung in neue selbstständige Kirchgemeinden sei, dass dieses Ziel mit aller Energie erstrebt, dass aber die Aufgabe friedlich, d. h. in einträchtigem Zusammengehen von Stadt und Land gelöst werden müsse und dass sie auch so gelöst werden könne, sobald nur vorerst das lebhafte Bedürfniss einer solchen Ausscheidung und die klare Erkenntniss der thatsächlichen Verhältnisse alle Bestandtheile der Kirchgemeinde durchdrungen habe. Von diesen Gesinnungen getragen fanden denn auch in den Jahren 1867 bis 1869 vorbereitende Verhandlungen über ein eventuelles Ausscheidungsprojekt im Schoosse einer Spezialkommission und der Gesammtkirchenpflege statt. Das Ergebniss dieser Berathungen nach allen Seiten hin zu beleuchten, namentlich auch durch die Darstellung der geschichtlichen Entwicklung der Kirchgemeinde, der Gesetzgebung und der Vorgänge im Anfang der Dreissigerjahre rechtlich zu begründen und so die komplizirten Verhältnisse dem allgemeinen Verständniss der Kirchgenossen näher zu bringen, ist der erste und wesentliche Zweck der Schrift. Damit soll zugleich auch einem Gedanken Folge gegeben werden, den die Gesammtkirchenpflege bei der letzten Berathung des ihr vorgelegten Programmes ins Auge gefasst hatte (s. S. 104 unten), aber nicht mehr zur Ausführung bringen konnte. Durch andere Vorgänge nämlich, welche im letzten Kapitel kurz berührt sind, wurde vielleicht beabsichtigt, jedenfalls aber bewirkt, dass sowohl die Gesammtkirchenpflege als die städtischen Kirchgenossen von weiterer Verfolgung der Trennungsfrage abgelenkt wurden.

Wir hoffen indessen, unsere Arbeit werde gleichwohl manchem Kirchgenossen willkommen sein und zur Beleuchtung einer jedenfalls früher oder später auszutragenden Frage dienen.

Daneben bildet dieselbe vielleicht auch einen kleinen Beitrag zur Geschichte unserer Vaterstadt und unsers zürcherischen Kirchenwesens. Möge sie daher freundliche Aufnahme finden! Uns aber tröstet das Wort: *in arduis voluisse sat est!*

Zürich,
am Reformations-Sonntag
4. Brachmonat 1871.

Der Verfasser.

Inhaltsverzeichniss.

	Seite
Erster Abschnitt.	
Geschichte der St. Peters-Kirche von ihren ersten Anfängen bis zur zweiten Hälfte des vorigen Jahrhunderts	1
Zweiter Abschnitt.	
Die allmälige Erweiterung und Umgestaltung der St. Petrinischen Kirchgemeinde von der Mitte des vorigen Jahrhunderts bis zur Gesetzgebung der Dreissigerjahre.	
Einleitung. Die Bildung der politischen Gemeinden Enge und Wiedikon	14
Erstes Kapitel. Die Errichtung der Bethäuser und die Anlegung von Friedhöfen in den äussern Gemeinden	16
Zweites Kapitel. Die Abtrennung Aussersihls von Wiedikon	22
Drittes Kapitel. Stellung und Pflichten der Katecheten	23
Viertes Kapitel. Die Schicksale der St. Peters-Gemeinde während der helvetischen Republik, der Mediations- und der Restaurationszeit	24
Dritter Abschnitt.	
Die Periode von 1831 bis zum Erlass des neuen Kirchengesetzes vom Jahr 1861.	
Erstes Kapitel. Das Gesetz über die kirchlichen Verhältnisse der Stadt Zürich und der dahin kirchgenössigen Landgemeinden vom 27. März 1833	28
Anhang I. Die Predigergemeinde	31
Anhang II. Die Bildung der Kirchgemeinde Neumünster	33
Zweites Kapitel. Die Ausscheidung des St. Petrinischen städtischen Armen- und Schulgutes und dessen Einverleibung in das allgemeine städtische Armen- und Schulgut in den Jahren 1833 und 1834	35
Drittes Kapitel. Der Loskauf der Natural- und Geldleistungen des Spitalamtes an die St. Petersgemeinde im Jahr 1834	41
Viertes Kapitel. Die Anbahnung neuer Verhältnisse in den Ausgemeinden in der Periode von 1830—1860	47

Vierter Abschnitt

Das Kirchengesetz vom 22. August 1861 und dessen Folgen für die St. Petersgemeinde.

Erstes Kapitel. Der Rekurs der Stadtabtheilung St. Peter gegen den Mehrheitsbeschluss der Gesammtkirchgemeinde vom 3. Mai 1863 betreffend die unbedingte Haft des gemeinsamen Kirchengutes auch für die kirchlichen Separatbedürfnisse der Ausgemeinden 58

Zweites Kapitel. Die Stellung der St. Petrinischen Stadtabtheilung seit dem Rekursalbescheid vom 3. März 1864 gegenüber den Ausgemeinden. Rückschläge im Kirchengut 81

Drittes Kapitel. Die Verhandlungen über ein Ausscheidungsprojekt 87

Viertes Kapitel. Die Orgel- und Beheizungsfrage . . 108

Schlusswort 117

Beilage. Ergebniss der eidg. Volkszählung vom 1. Dezember 1870 für die St. Petersgemeinde 120

Berichtigungen.

S. 7. Zeile 19 von oben statt 1375 lies: 1379.

S. 32. Zeile 2 u. 3 von oben lies: war bloss Klosterkirche der Dominikaner- oder Predigermönche (daher der Name) gewesen;

S. 106. Zeile 8 von oben statt Titel lies: Total.

S. 106. Zeile 21 statt Frkn. 77,000 lies: Frkn. 74,000.

Erster Abschnitt.

Geschichte der St. Peters-Kirche von ihren ersten Anfängen bis zur zweiten Hälfte des vorigen Jahrhunderts.

Die erste Beschreibung der St. Peterskirche, ihrer Rechte und Freiheiten rührt von Prof. J. Müller her, der in den Jahren 1660—1668 Diakon an unserer Gemeinde war, und ist enthalten in der Vorrede seiner Predigten über den Propheten Joel (tuba Joëlis, gedr. Zürich, 1666. 4°). Seine Notizen sind indessen keineswegs unbedingt zuverlässig. Im Jahre 1793 erschien sodann unter dem Titel: „Geschichte der Pfarrkirche St. Peter in Zürich" eine eigene grössere Schrift von dem sel. Herrn Pfarrer Sal. Hess (von 1792—1801 Diakon, von da bis 1829 Pfarrer am St. Peter). Dieselbe reicht bis ans Ende des vorigen Jahrhunderts und enthält viel schätzbares Material. Wir werden sie daher mehrmals zu erwähnen Gelegenheit haben. Indessen wollen wir die ältern Zeiten nur soweit berühren, als es zum Verständniss der Rechtsverhältnisse des ursprünglichen Patronates, des Kirchengutes und der Stellung der sog. Ausgemeinden zur Mutterkirche nöthig ist. Nach dieser Seite hin sind die beiden erwähnten Vorarbeiten sowohl zu ergänzen als zu berichtigen.

Der Ursprung unserer dem h. Petrus (dem Apostelfürsten[1]) geweihten Kirche ist ein sehr alter und gerade desshalb ein ungewisser[2]). Wir ersehen indessen aus einer Urkunde (abgedruckt in den Urkunden zur Geschichte der

---

[1]) In den ältern Urkunden heisst sie häufig bloss: ecclesia principis apostolorum.

[2]) Vergl. Vögelin, Altes Zürich. S. 107 ff.

Fraumünster-Abtei von G. v. Wyss[3]), dass schon im Jahr 857 eine Kapelle des h. Apostels Petrus an der Stelle sich befand, wo jetzt unsere Pfarrkirche steht, indem nämlich König Ludwig der Deutsche dem Priester Beroldus, Kaplan seiner Tochter Hildegard, erster Aebtissin beim Fraumünsterstift, neben zwei andern Kapellen zu Bürglen und Silenen im Thal Uri auch diejenige zu St. Peter in Zürich mit allen Einkünften verlieh, so jedoch, dass sie nach des Beschenkten Tode wieder an die Abtei fallen sollte. Wyss bemerkt darüber in seiner Geschichte der Abtei[4]), „die Nachricht hat sich nur in der Abschrift einer Urkunde erhalten, die in ihrem Datum jedenfalls unrichtig ist, mag aber dennoch auf einer wahren Thatsache beruhen". In jenen Zeiten kam es häufig vor, dass einzelne Bürger aus ihrem Gut zu Ehren Gottes und der Heiligen sowie zum Trost aller Gläubigen Pfründen stifteten. Wann aber unsere Vorfahren und damaligen Kirchgenossen an der Stelle der ursprünglichen Kapelle, welche abgetragen wurde, eine eigentliche Kirche erbauten, ist nicht genau zu ermitteln. Es muss diess im zehnten Jahrhundert geschehen sein. Denn im Jahr 946 erscheint die Peterskirche urkundlich[5]) zum ersten Mal. Es war nämlich über Zehnten, welche seit alter Zeit zu ihr gehörten und welche auch das Chorherrenstift beanspruchte, Streit entstanden. Die hierauf bezügliche schiedsgerichtliche Verhandlung geht in der Vorhalle der Kirche, „in porticu S. Petri" vor sich.

Die St. Peterskirche war unzweifelhaft von alter Zeit her, d. h. ungefähr seit dem 9. oder 10. Jahrhundert, die Pfarrkirche für das castrum Zürich und die ganze Gegend zwischen Limmat und Albis; zwischen ihr in dieser Eigenschaft (als ecclesia parrochialis) und dem (ältern) Grossmünster werden nun in dem erwähnten Jahre die Zehnten getheilt.

---

[3]) Mittheilungen der antiquar. Gesellschaft in Zürich. Bd. VIII. (Zürich 1851 ff.)

[4]) a. a. O. S. 25 und Note 63.

[5]) Wyss a. a. O. Urk. Nr. 27. Aus Müller tuba Joëlis hat Hess n. a. O. S. 24 die irrige Angabe entlehnt, dass schon im Jahr 871 ein Heinrich v. Tengen Leutpriester zu St. Peter gewesen sei. Derselbe gehört dem Jahr 1271 an, wie wir aus dem Jahrzeitbuch der Abtei wissen. S. Wyss, Anmerkungen und Zusätze S. 23 Note 109. Ohnehin wäre ein Geschlechtername für das neunte Jahrhundert unmöglich.

Zum Fraumünster, als einer Klosterkirche, gehörte wohl ursprünglich kein Pfarrsprengel. Erst als auf dem Klosterhof selbst Häuser und eine Gasse („in Gassen" und später „im Kratz") entstanden und für ihre Bewohner ein besonderer Leutpriester der Abtei die kirchlichen Bedürfnisse besorgte, entstand eine kleine Pfarrei, die das Kloster selbst überlebte und nach der Reformation einen förmlichen Pfarrsprengel bildete. Es ist aber derselbe eine blosse Ausnahme, ein kleiner Ausschnitt des alten grossen Pfarrsprengels von St. Peter.

Vor dem Jahr 1245 hatte die St. Peterskirche schon namhafte Filialen und Güter[6]), z. B. die Kapelle St. Jakob an der Sihl, die Kirche St. Agatha zu Schlieren und St. Maria zu Altstetten[7]), die St. Aegidiuskapelle in Leimbach (s. unten) und wahrscheinlich auch die Kapelle der h. Dreikönige am Riet in Enge.

Im Jahr 1270[8]) verfügte der Bischof von Konstanz, in dessen Diözesanverband Zürich bis zur Reformation gehörte[9]), über Gefälle und Zehnten zu Altstetten, Ringlikon, Uitikon und Wiedikon, sowie über Weinberge im Sellnau, zu Wollishofen und Honrain, welche bis dahin der St. Peterskirche gehört hatten.

Ueber die Einkünfte behielt die Aebtissin, als ursprünglich vollberechtigte Patronin die Aufsicht und Disposition bis zum Jahr 1345. Dagegen scheint es, dass die Kilchhöre seit alten Zeiten ihren Leutpriester (plebanus) selbst wählte und die Aebtissin ihn bloss mit dem Amt belehnte und als solchen dem Bischof zur Bestätigung vorstellte. Derselbe war auch einer der sieben Chorherren der Abtei. Wie es sich mit dem Ursprung dieses singulären Rechtes der St. Petersgemeinde verhält, werden wir sofort zu erklären versuchen.

---

[6]) Vgl. Wyss, Urk. Nr. 57.

[7]) Schlieren wurde erst im Jahr 1498 zu einer eigenen Pfarrei erhoben; Altstetten im Jahr 1529 abgetrennt.

[8]) Wyss, Gesch. S 82. Urk. Nr. 215.

[9]) Vergl. A. Nüscheler, die Gotteshäuser der Schweiz. Heft 2. S. 5. Leider ist dieses reichhaltige und mit grosser Sorgfalt bearbeitete Werk zur Stunde noch nicht soweit vorgerückt, um auch das Archidiakonat Zürich zu umfassen. Wir machen aber schon zum Voraus auf die bald erscheinende Fortsetzung aufmerksam, da sie hinsichtlich der St. Peterskirche das Historisch-Antiquarische über die Altäre u. s. f., das uns hier nicht berührt, enthalten wird.

In dem erwähnten Jahr 1345 wollte die damalige Aebtissin Fides von Hohenklingen einen Theil ihrer nicht unbeträchtlichen Geldschulden abzahlen und verkaufte desshalb neben Anderm auch den Kirchensatz (d. h. das Patronatsrecht) zu St. Peter mit grossen und kleinen Zehnten dem Bürgermeister Rudolf Brun für 211 Mark guten Silbers. Der Kauf wurde vom Rath und vom bischöflichen Vikar bestätigt [10]). Brun wurde nachher in einer Gruft im Chor unserer Kirche bestattet, wo noch heute sein Grabstein steht [11]). Die Hauptsache bei jenem Verkauf waren die Einkünfte; in jenem Dokument tritt die eigenthümliche Rechtsanschauung und Sitte jener Zeit recht ausgeprägt zu Tage, wonach das zu veräussernde Recht des Kirchensatzes ausdrücklich an ein Grundstück gebunden ist und als bleibende Zubehörde mit diesem übertragen wird. Nach jener Urkunde gehört der Kirchensatz „in die wisen, den man sprichet der ebtischin wise und zvüschent Altstetten und Riedern (Albisriedern) den dœrfern gelegen ist." Der Ertrag der Grundstücke, die Naturalzinse, bildeten die materielle Grundlage der Pfründe, mit andern Worten das Dotationskapital, aus welchem die Besoldung des Leutpriesters bestritten wurde.

Schon 1361 verkauften der Probst Brun und sein Bruder nebst seinen Vettern den Kirchensatz für 3500 fl. dem Spital zu Zürich, und auch dieser Kauf wurde bestätigt. Es ist dieses Rechtsgeschäft für die weitere ökonomische Gestaltung unserer St. Petersgemeinde von grosser Bedeutung. Im Jahre 1372 wurde die Kirche mit dem Spital in Bann gethan, weil der damals neu erwählte Leutpriester, Hermann Pfung, sich geweigert hatte, der päpstlichen Kammer den halben Theil seines ersten Jahreseinkommens zu entrichten. Der Bann dauerte bis 1373 fort. Die Pfleger des Spitals suchten von dem Papst zu erwirken, dass die Pfarrei St. Peter dem Spital förmlich einverleibt werde, was nach vielen Streitigkeiten 1379 gelang. Der Leutpriester bezog nun sein Einkommen

---

[10]) Wyss, Urk. Nr. 425.
[11]) Leider ist derselbe jetzt nicht sichtbar; er befindet sich unter der kleinen Orgel. Dagegen findet sich eine Abbildung desselben in J. Müller, Merkwürdige Ueberbleibsel von Alterthümern in der Eidgenossenschaft. II. S. 10 (Zürich 1773).

vom Spital, indem in Vollziehung der päpstlichen Inkorporation
durch Abt Rudolf zu Kappel am 12. Februar 1379 die Pfrundgüter förmlich und auf ewig mit dem Spital vereinigt wurden[12]).
Diese Abhängigkeit der Petrinischen Geistlichen vom Spital
veränderte sich erst nach der Reformation.

Das gesammte Kirchengut (d. h. Pfrundgüter und
Kirchengut im eigentlichen Sinn des Wortes s. unten) war seit
dem 15. Jahrhundert nicht unbedeutend. Es wurde dasselbe
theils aus freiwilligen Beiträgen der Kirchgenossen aus der Bürgerschaft zum Bau und Unterhalt der Kirche, theils aus frommen
Vergabungen an die Kaplanei-Pfründen geäufnet. Hess[13]) bemerkt darüber: „Die Grösse desselben lässt sich aus den verschiedenen von Gemeindsgenossen gestifteten Pfründen, theils
aus dem einzigen Umstand abnehmen, dass daraus auch andern
geholfen worden, wie denn schon 1270 das Plenarier-Amt
zum Frauenmünster einzig aus dem Petrinischen Kirchengut
errichtet worden. Es findet sich noch eine grosse Liste von
Bürgern und Bürgerinnen, welche zu Vigilien oder Seelen-
ämtern, ab ihren Häusern und liegenden Gründen, mehr und
minder Beträchtliches gesteuert haben." Im Kirchenarchiv befindet sich nicht bloss ein Verzeichniss sämmtlicher Vergabungen und Schenkungen an die Kirche, beziehungsweise an
die einzelnen Altäre, sondern mehrere Dotationsurkunden sind
noch im Original vorhanden. Die älteste und schönste mit
drei Siegeln ist vom Jahr 1325. Hier schenkt der damalige
Probst zum Grossmünster, Graf Krafft von Toggenburg, dem
St. Katharinen-Altar 130 Pfund.

Die St. Petersgemeinde umfasste schon damals den
weitaus grössern Theil der kleinen Stadt, und zwar im Jahr
1357: 261 Häuser mit 2534 Einwohnern, 1510: 309 Häuser
mit 2265 Einwohnern und die Landgemeinden Wiedikon, Enge
und Leimbach[14]). Dabei ist indessen zu beachten, dass ein Theil
der heutigen Gemeinde Enge (der innere und äussere Bleicherweg) damals noch in den Stadtbann fiel, indem erst durch die
Anlegung der Festungswerke im 17. Jahrhundert die heutigen

---

[12]) Urkunde vom bez. Datum im Spitalarchiv Zürich.
[13]) a. a. O. S. 303.
[14]) Fr. Vogel, Die alten Chroniken der Stadt und Landschaft
Zürich von den ältesten Zeiten bis 1820, S. 515.

engern Grenzen des Stadtbannes gezogen wurden, und dass Aussersihl, soweit sich dort überhaupt Häuser befanden[15], damals zu Wiedikon gehörte[16].

Wir haben oben bereits erwähnt, dass unsere Kirchgemeinde seit alten Zeiten ihren Leutpriester selbst wählte. Es scheint diess zunächst im Widerspruch zu stehen mit dem Patronatsrecht der Aebtissin. Wie und wann jenes singuläre Wahlrecht der Kirchgenossen, das sich übrigens bloss auf den Leutpriester und nicht auf die Kaplane bezog, entstanden ist, lässt sich nicht genau ausmitteln; doch dürfte sich dasselbe folgendermassen wohl am einfachsten und richtigsten erklären. Ursprünglich stand das Wahlrecht bei St. Peter unzweifelhaft in der Hand des Königs beziehungsweise Herzogs und gieng durch königliche Schenkung an die Aebtissin über. Dass es im Laufe der Zeiten der Hauptsache nach an die Bürgerschaft kam, zunächst vielleicht an den Rath, wie so viele andere Rechte der Abtei, und die Theilnahme der Aebtissin sich faktisch auf eine blosse Präsentation des Geistlichen an den Bischof beschränkte, ist mit der ganzen städtischen Entwicklung Zürichs in Uebereinstimmung und ebenso der Umstand, dass an die Stelle der nicht allein auf das castrum beschränkten, sondern rings um dasselbe Grundeigenthum besitzenden Bürgerschaft nach und nach die Gesammtheit der Kirchgenossen trat. Dagegen hat es nicht, wie Maler und Hess irrthümlich meinen, darin seinen Grund, dass die Bürger selbst zum Bau der Kirche und zur Dotation gewisser Pfründen beitrugen; sondern es mag dadurch bloss begünstigt worden sein, dass die Wahl faktisch, wenn auch nicht rechtlich auf die Bürgerschaft übergieng. Das Patronatsrecht der Aebtissin wurde also bloss abgeschwächt, aber keineswegs aufgehoben. Man könnte nun freilich, weil das Wahlrecht der Gemeinde vor dem 16. Jahrhundert nirgends urkundlich erwähnt wird, geneigt sein anzunehmen, dasselbe datire erst von der Zeit der Reformation an, als die Verbindung mit dem Bischof von Konstanz gelöst und also das Präsentationsrecht weggefallen war. Dafür scheint auch der Wortlaut mehrerer Urkunden, die das Patronats-

---

[15] Im Hard befanden sich schon im 14. Jahrhundert Thurm und Häuser.

[16] Hierüber unten das Nähere.

verhältniss unserer Kirche beschlagen, zu sprechen. So heisst es in der schon citirten Urkunde vom 26./30. August 1270[17]), worin Bischof Eberhard von Konstanz mit einem Theil der Einkünfte der St. Peterskirche ein neu geschaffenes Kirchenamt (das sog. Plenarieramt) in der Abtei zu Zürich dotirt und dieses Amt nebst Pfründe dem Leutpriester Heinrich in Kilchberg verleiht: „vacante ecclesia S. Petri receptaque resignatione in manus nostras (i. e. episcopi) cure ejusdem ecclesiæ, cujus jus patronatus ad idem monasterium spectare dinoscitur." Hieraus könnte man folgern, dass, da die Resignation in die Hand des Bischofs und nicht in diejenige der Gemeinde erfolgte, der letztern auch kein Wahlrecht zugestanden habe. In der bereits erwähnten Urkunde vom 15. Mai 1345, enthaltend den Verkauf des Kirchensatzes an Brun, heisst es: „in gewer des kilchensatzes der kilchen ze sant Peter ze Zürich und sunderlich der pfruonde der früegen Tagmesse sant Katherinen Altars . . . . . iemer mere ze habene ze besetzene ze liehene u. s. f." In einer Urkunde im Spitalarchiv Zürich vom 3. März 1375 wird der von den Spitalpflegern als beständiger Vikar präsentirte Rudolf v. Gundoltshofen vom Bischof Heinrich von Konstanz bestätigt. Aehnliche Präsentationen, namentlich von Kaplanen einzelner Altäre, durch die Spitalpflege werden noch in Urkunden von 1395 und 1420 erwähnt. Trotz dieser Ausdrücke halten wir unsere Auffassung für richtig; die angeführten Stellen beweisen nur, was ja aus der Natur des Patronatsrechtes von selbst folgt, dass die Aebtissin ursprünglich auch die Geistlichen ernannte nnd diese von ihr Erkorenen dem Bischof zur Bestätigung präsentirte; allein schon zur Zeit des Verkaufes des Kirchensatzes an Brun 1345 wurde dieses Ernennungsrecht nicht mehr von ihr ausgeübt, sondern hatte sich reduzirt auf ein blosses Präsentationsrecht an den Bischof[18]). Brun und nachher der Spital konnten also nicht mehr

---

[17]) Wyss, a. a. O. Nr. 215.
[18]) Diese Ansicht theilt auch Vögelin in seinem alten Zürich. S. 293, Note 320. Mit Recht macht derselbe auf das Stadtrecht von Freiburg im Breisgau aufmerksam, wo in ähnlicher Art neben dem Patronatsrecht der Herzoge von Zähringen ein Wahlrecht der Bürger für den Leutpriester am Münster bestand. Vergl. Gaupp, Deutsche Stadtrechte. Bd. II. S. 24 § 34 (Stiftungsbrief) und S. 29 § 8 (Stadtrodel).

Rechte erwerben als die Aebtissin gehabt, beziehungsweise ausgeübt hatte. Damit steht nicht im Widerspruch, wenn die Urkunden die alten Rechtsausdrücke beibehalten; das kömmt ja häufig vor und namentlich in kirchenrechtlichen Verhältnissen. Der Form nach blieb das Recht der Verleihung der Pfrund und des Pfrundeinkommens an den dem Bischof präsentirten und von ihm bestätigten Geistlichen bei der Aebtissin und deren Rechtsnachfolgern; allein das Recht der Auswahl eines zu präsentirenden und zu belehnenden Leutpriesters [19]) stand schon lange vor der Reformation der Gemeinde zu und zwar in der allmäligen Entwicklung, wie wir sie oben angedeutet haben. Zur Bestätigung unserer Ansicht dürften noch folgende zwei Momente dienen: Wäre das Wahlrecht nicht schon vor dem 16. Jahrhundert von der Gemeinde ausgeübt worden, so hätte der Rath bei der Reformation, als Nachfolger der Aebtissin in ihren Rechten, die Wahl an sich gezogen. Er hätte sie weder an den Spital noch an die Gemeinde übergehen lassen, sondern sie in eigener Hand behalten, wie zahlreiche andere Kloster-Kollaturen. Ganz besonders aber spricht für die alte Wahlfreiheit der Gemeinde ein Brief des Rud. Gwalter, Pfarrer am St. Peter, vom Jahr 1573. Derselbe schreibt [20]) an den Bischof R. Cox in England unter Anderm Folgendes: „In der Stadt und Landschaft Zürich ist keine Kirche, welche das Recht, den Diener zu erwählen, behalten hat, ausser deren, welche zu St. Peter ist, zu deren Diener mich Gott gemachet hat, und von welcher ich vor 31 Jahren mit einhelligem Consens des ganzen Volkes, als ich das 23. Jahr des Alters noch nicht erfüllt hatte, erwählt worden. Es ist einem Wunderwerk gleich, dass unter der grausamen Tyrannei des Papstthums, da theils der Bischof von Konstanz und die Chorherren der grossen Kirchen, theils

---

[19]) Dagegen allerdings nur dieses Hauptgeistlichen, dem die Seelsorge der Gemeinde ablag. Die Kaplane dagegen wurden von den Patronen, also später vom Spital, ernannt, um so mehr als mehrere Kaplaneipfründen erst im 15. Jahrhundert gestiftet wurden. Auf diese Weise erklären sich die im Spitalarchiv befindlichen spätern Urkunden und ist hingegen die Behauptung von Hess (S. 265) zu berichtigen, welcher nach Müller irrthümlich meint, das freie Wahlrecht aller Kirchenämter und Kirchenstellen habe der Gemeinde von den ältesten Zeiten her zugestanden.

[20]) Hess a. a. O. S. 269 u. 270.

die Aebtissin des untern Collegii und andere Aebte alle Kirchen beherrschten und die Zehnten aller Orten an sich gezogen haben, dass gleichwohl die Freiheit dieser Kirche unangefochten und aufrecht geblieben ist. Worin ich die sonderbare Fürsehung Gottes erkenne, durch welche ich mich nicht nur einmal sehr gestärkt befunden." An einer andern Stelle nennt er dieses Wahlrecht eine „recht apostolische Freiheit" und bezieht dieselbe auch auf die Bestellung der Sigristen und Todtengräber. Und in der That steht nichts entgegen anzunehmen, dass auch diese Bediensteten schon in früheren Zeiten von den Kirchgenossen selber ernannt worden seien.

Unmöglich hätte nun ein Geistlicher, der ja gerade zur Reformationszeit lebte, so von diesem Wahlrecht schreiben können, wenn es nicht schon lange vorher bestanden hätte.

Unsere Gemeinde darf daher mit Recht auf ihr altes Privilegium stolz sein.

Die Reformation (im St. Peter wurde die neue Lehre durch den aus dem Elsass gebürtigen, im Jahr 1522 von der Gemeinde zum Leutpriester gewählten Leo Judæ, den Freund und Mitarbeiter Zwingli's und Bullingers, Verfasser der ersten selbstständigen zürcherischen Bibelübersetzung und des ersten zürcherischen Katechismus, eingeführt) bewirkte auch eine Veränderung der ökonomischen Verhältnisse unserer Kirche. Der grosse Rath setzte nämlich im Jahre 1535 fest, dass zwei der aufgehobenen Kaplaneipfründen nach dem Absterben der betreffenden Geistlichen dem Spital zufallen, die Kirche dagegen bei ihrer Gült bleiben solle, in der Meinung jedoch, dass hieraus der bauliche Unterhalt der Kirche und zweier anderer Häuser bestritten werde. Diese Gült oder Aussteuer betrug aber nicht mehr als einen in 140 Pfund 6 Schill. 4 Den. bestehenden jährlichen Grundzins oder eine Kapitalsumme von 2800 Pfund. In dem betreffenden Rathserkenntniss heisst es: „Erstlich ist geordnet die Kirche zu St. Peter bei ihrer Gült, deren dann so viel ist als 140 Pfund 6 Schill. 4 Den., so sie jährlich eingehendes hat, bleiben zu lassen, doch dass der Kirchenpfleger dagegen schuldig sein soll, der Kirchen Bau und Nothwendigkeit daraus zu erhalten; desgleichen des Helfers und des Todtengräbers Häuser, so die baulos werden, wieder zu bauen und in Ehren zu bringen." Der Spital dagegen wurde angewiesen, den Pfründen die bestimmten Einkünfte auszubezahlen.

Dieses so reduzirte Kirchengut wurde indessen bald durch milde und grossmüthige Stifungen geäufnet[21]). So legirte z. B. Herr David Werdmüller, des Raths, im Jahr 1612 der Kirche 400 Pfund, — Herr Bürgermeister Leonhard Holzhalb 1617: 200 Pfund; anderer Vermächtnisse nicht zu gedenken. Im Jahre 1658 stiegen die jährlichen Zins-Einnahmen des Kirchenfonds auf 640 Pfund. Am wichtigsten aber ist die sogenannte neue Stiftung vom Jahre 1666. Dieses zweite ansehnliche Gut wurde in benanntem Jahr von dem Pfarrer Hans Jakob Thomann gestiftet zu Gunsten armer Schulkinder. Noch in dem gleichen Jahre, sagt Hess[22]), reizte sein rühmliches Beispiel Andere zur Nachahmung an. Durch die Freigebigkeit begüterter Kirchgenossen wuchs diese Stiftung bald zum Betrage von 10,000 Pfund und diese Summe verdoppelte sich durch ökonomische Ersparnisse. Nach dem Willen des Stifters hätte dieser Fond freilich nur für Schullöhne und Schulbücher unbemittelter Kinder von Stadtbürgern verwendet werden sollen; in der Folge gab man ihm aber mehr Ausdehnung, beschränkte die Ausgaben nicht bloss auf Stadtbürger, sondern liess auch Schulmeister und Schulkinder der äussern Gemeinden daran partizipiren; auch gewährte man daraus Beiträge zur Aufbauung der Schul- und Bethäuser (s. unten, Abschnitt II.).

Die Oekonomie der Gemeinde zeigt also bis zur zweiten Hälfte des vorigen Jahrhunderts folgende Entwicklung: Die Gemeinde besitzt eine Kirche und zwei in der Stadt gelegene Begräbnissstätten. In dem vor der Reformation dem Spital inkorporirten Kirchengut waren zwei Bestandtheile enthalten und haben sich wieder ausgeschieden: Das alte Pfarr-Pfrundgut (beneficium), das dem Spital verblieb (beziehungsweise durch zwei Kaplaneipfründen vermehrt wurde) — und das eigentliche Kirchengut (fabrica ecclesia[23]), bestimmt zur Bestreitung der Kosten des Gottesdienstes und zum baulichen Unterhalt der Kirche und der Pfarrwohnungen. Letzteres, ursprünglich sehr gering, vermehrt sich durch Legate und Schenkungen in erheb-

---

[21]) S. Hess a. a. O. S. 305.
[22]) a. a. O. S. 306.
[23]) Vergl. Richter, Lehrbuch des Kirchenrechts (1848). § 302.

licher Weise. Zu diesem Kirchengut tritt die sogenannte **neue Stiftung** als ein besonderer Fond hinzu, wird aber später sowohl hinsichtlich der Verwaltung als der Verwendung mit dem Kirchengut verschmolzen. Vor der Reformation hatte die Kirche ausser der Leutpriester-Pfrund noch 5 Kaplanei-Benefizien besessen, entsprechend den in der Kirche befindlichen Altären. Seit der Glaubensverbesserung bestehen nun an der Kirche folgende geistliche Stellen:

1. Die **Pfarrei** an der Stelle des frühern Leutpriesters.
2. Das **Diakonat**. Die Diakone oder Helfer traten an die Stelle der frühern Kaplane [24]). Dem Diakon wurden neben der Beihülfe beim sonntäglichen Gottesdienst die Taufhandlungen, die Abdankungen und die Abendgebete sowie der kirchliche Jugend-Unterricht übertragen; früher hatte er auch am Montag und Donnerstag Wochenpredigten zu halten.
3. **Katecheten**, welche in den Gemeinden Wiedikon, Enge und Leimbach sonntäglich die Kinderlehre und an Festtagen die Nachmittagspredigten zu halten, auch mitunter in der Hauptkirche Aushülfe zu leisten hatten. Solche gab es aber erst seit 1661. Die freie Ernennung derselben stand dem Pfarrer zu.
4. **Sigrist** und **Todtengräber**; letzterer hatte, wie wir schon aus dem Rathserkanntniss von 1535 wissen, eine eigene Wohnung.

Die Petrinische Gemeinde behielt auch nach der Reformation ihr altes Wahlrecht bei, und da es einer Bestätigung durch irgend eine kirchliche Oberbehörde nicht bedurfte, so hatte dasselbe erst jetzt seine volle Bedeutung. Während bis zum Jahre 1830 mit Ausnahme von Winterthur keine einzige Gemeinde des Kantons Zürich ein eigenes Kollaturrecht besass, stand dieses unserer Gemeinde fortwährend unbestritten zu und es erstreckte sich das freie Wahlrecht nicht bloss auf die Seelsorger, sondern auch auf die Kirchenpfleger, den Sigrist und den Todtengräber. Die älteste Wahlordnung der

---

[24]) Helfer, d. h. coadjutres plebani, gab es zwar schon vor der Reformation einzelne; allein es bestand keine besondere Pfründe für sie. Die frühern Kaplanei-Pfrund-Einkommen dagegen werden von jetzt an zur Besoldung des Helfers oder Diakons verwendet.

Gemeinde, an welcher Manches im Laufe der Zeiten abgeändert wurde, stammt vom Jahr 1684 her. Die St. Petersgemeinde befand sich also mit ihrem Kollaturrecht und nicht unbeträchtlichen Kirchengut in der That damals in einer bevorzugten Stellung.

Die Gemeinde hatte ferner seit der Reformation ein **doppeltes Kollegium der Aeltesten und Vorgesetzten**, den sogenannten engern oder kleinern und den grössern Stillstand. Diese beiden Behörden entsprechen aber gar nicht etwa der heutigen Gesammt-Kirchenpflege und dem städtischen Stillstand. Es war vielmehr der engere Stillstand[23]), aus 17 Mitgliedern und dem Kirchenschreiber bestehend, die eigentliche kirchliche Aufsichts- und Verwaltungsbehörde, welche Stadt und Ausgemeinden repräsentirte; denn er bestand aus dem jeweiligen Kirchenpfleger, welcher präsidirte, 3 Herren aus dem kleinen Rath, 3 Herren aus dem grossen Rath, 3 aus der Bürgerschaft und 5 Vorgesetzten aus den Ausgemeinden (nämlich 2 von Wiedikon, 2 von Enge und 1 aus der Sihlgemeinde) und den beiden Geistlichen. Zum grössern Stillstand gehörten dagegen neben den oben bezeichneten Mitgliedern bis 1798 auch alle Mitglieder des kleinen Rathes, die in der Gemeinde wohnten oder darin Häuser oder Liegenschaften besassen, sowie der jeweilige Pfleger zu St. Jakob (s. unten), der Spitalmeister und der Stadtschreiber. Vor dieses grössere Kollegium gehörten die Abnahme der Kirchengutsrechnung, die Anordnung von Wahlen und was sonst dem engern Stillstand allzu wichtig oder zu schwierig schien, um es allein zu erledigen. Desgleichen stund ihm die Wahl des jeweiligen Diakons am Waisenhaus zu, wahrscheinlich desshalb, weil diese bürgerliche Stiftung im Banne der Kirchgemeinde St. Peter liegt.

Aus der Geschichte unserer Pfarrkirche seit der Reformation bis zum Ende der Periode unseres ersten Abschnittes erwähnen wir in Kürze nur noch folgende Ereignisse:

Den um ihres evangelischen Glaubens willen vertriebenen

---

[23]) Die **Stillstände** haben in der zürcherischen Kirche ihren Namen vom stillestehen oder in der Kirche bleiben nach vollendetem Gottesdienst zur Berathung kirchlicher Angelegenheiten. Die Einrichtung dieser Behörde schreibt sich vom Jahre 1526 her. In den alten Ehesatzungen wurden ihre Rechte und Pflichten bestimmt.

und in Zürich so gastfreundlich aufgenommenen Lokarnern ward in den Jahren 1555—1564 in unserm Gotteshause ein eigener italienischer Gottesdienst gestattet.

Im Jahre 1654 wurde der Kirchhof zu St. Anna eingerichtet zu einer Begräbnissstätte für die Leute an der Sihl und in den äussern Gemeinden. Die stadtbürgerlichen Kirchgenossen — mit Ausnahme derjenigen, die ausserhalb des Rennwegthores und der alten Ringmauer wohnten — wurden bis zum Jahre 1788 auf dem alten und ursprünglichen Kirchhof, d. h. auf dem Platz vor und hinter der St. Peterskirche begraben.

Mit dem Jahre 1660 beginnen die Protokolle des Stillstandes.

Im Jahr 1661 wurden die Katechisationen in den äussern Gemeinden eingeführt. Im gleichen Jahre wurde das Kirchengebäude baulich reparirt; im Jahre 1705 aber schritt die Gemeinde nach sorgfältigen Berathungen zum Bau einer neuen Kirche, immerhin innerhalb der Mauern des alten Gotteshauses. Es wurde namentlich beschlossen, einige neue Fensterlichter anzubringen, die Kanzel zu erhöhen und eine Emporkirche so zu errichten, dass je das hinterste Ort das höchste sei, damit der Prediger überall gesehen werden könne. Während des Kirchenbaues wurde der Gottesdienst beim Fraumünster abgehalten. Am 14. November 1706 fand die Einweihung des neuen Gotteshauses statt. Von der alten Kirche hat sich nur im Chor das Fenster gegen die Schlüsselgasse erhalten. Die Kirche hat eine Länge von 327 Fuss (im Ganzen 15 Fuss mehr als die alte)[26]. Die Baukosten beliefen sich im Ganzen auf 23,759 fl. — Durch diese Neubaute hat die Kirche ihre jetzige freundliche Gestalt und durch ihre Helle und den Umstand, dass die Kanzel in die Mitte des Choreingangs gestellt wurde, einen ächt protestantischen Typus gewonnen.

---

[26] Vergl. über weitere Details dieser Baute Hess, a. a. O. S. 360 u. ff.

Zweiter Abschnitt.

Die allmälige Erweiterung und Umgestaltung der St. Petrinischen Kirchgemeinde von der Mitte des vorigen Jahrhunderts bis zur Gesetzgebung der Dreissiger Jahre.

Einleitung.

Die Bildung der politischen Gemeinden Enge und Wiedikon.

Der ursprüngliche Bestand der St. Petrinischen Kirchgemeinde war folgender:

1. Das linksseitige castrum an der Limmat mit seiner Bewohnerschaft von Fiscalinen, später von Bürgern und Rittern freien Standes und von Hörigen, welche der Abtei angehörten, also die kleine Stadt, mit Ausnahme der Fraumünsterabtei und ihren Dependenzen.

2. Enge. Der Ortsname „engi" findet sich zuerst in einem Dokumente vom Jahr 1210—1218 (v. Wyss a. a. O. Urk. Nr. 57), welches die Besitzungen der Kirche St. Peter aufzählt. Hier wohnten Grundeigenthümer verschiedenen Standes, zum Theil Bürger der Stadt, in zerstückelten und zerstreuten Gütern; das Kloster Seldenau hatte dort bedeutendes Grundeigenthum. Die grösste Besitzung aber hatte das Frauenkloster zu Steinen in der Au, Ktn. Schwyz[27]); ein besonderer für sich bestehender Hof war das zur Manegg gehörende Leimbach lange Zeit in den Händen der Manesse. Wann und wie in Enge ein Gemeindeverband sich bildete, ist wohl kaum auszumitteln. Jedenfalls gieng derselbe nicht aus der landwirthschaftlichen Grundlage, aus einer Markgenossenschaft freier Bauern hervor, die hier nicht zu erkennen ist, sondern

---

[27]) Vergl. Geschichtsfreund der sieben Orte. Bd. VII. S. 56.

aus lokalen Bedürfnissen polizeilicher und administrativer Natur[28]). Die Zugehörigkeit des ganzen Umfangs zur Kirchgemeinde St. Peter mag hiebei unterstützend mitgewirkt haben; vielleicht war auch die Verbindung von Leimbach, dessen Kapelle zur Kirche St. Peter gehörte und das sonst natürlicher mit dem nähern Wollishofen verbunden worden wäre, von Einfluss. Anzunehmen ist, dass im 15. Jahrhundert ein Gemeindeverband in Enge schon bestand. Ursprünglich hiess diese Gegend die Wacht zu den heiligen drei Königen von einer Kapelle dieses Namens, welche wahrscheinlich während des alten Zürichkrieges zerstört worden ist. Dieselbe stand in der Nähe des heutigen Wirthshauses zum Adler, wo die Stadtmarchen sich befanden. Die Gemeinde führt noch heute die drei Könige in ihrem Wappen, sie wird begrenzt von der Sihl, Wollishofen, dem See und der Stadt. Ein Theil der Gemeinde Enge, nämlich der Bleicherweg bis zu der erwähnten Kapelle hinaus, gehörte aber, wie schon oben angeführt wurde, bis zum Jahr 1642 zur Stadt selbst.

3) Wiedikon (Wiedinchova[29]) inbegriffen das jetzige Aussersihl. Hier war das gemeindebildende Element wohl vorzüglich dasjenige der gemeinsamen Gerichtsbarkeit, welche das Dorf Wiedikon und dessen ursprünglich freie Bauern mit ihrer ausgedehnten Gemeinmark und eine Anzahl „geschlossener Höfe" (Gerenzenlo, Kolbenhof, Friesenberg, Hof Ober-Hard, Hof Nieder-Hard, Hof im Werd) umfasste. Neben diesen Höfen mögen noch andere, namentlich ein solcher (eine „Schwaigstatt"[30]) der Kirche St. Peter[31]) bestanden haben. Die Gerichtsbarkeit, hohe, mittlere und niedere, blieb hier im Anschluss an die Verhältnisse der Stadt in den Händen des Reiches, als dessen Lehen die mittlere und niedere an verschiedene weltliche Besitzer (die städtischen Geschlechter

---

[28]) Vergl. über die Ausbildung der schweizer. Landgemeinden überhaupt die vortreffliche Abhandlung von Fr. v. Wyss in der Zeitschrift für schweizer. Recht. Bd. I. insbes. Heft 1. S. 32 u. S. 42.
[29]) Dieser Ortsname findet sich schon in einer Urkunde vom Jahr 889. v. Wyss a. a. O. Urkde. Nr. 18.
[30]) Ueber die Bedeutung dieses Ausdrucks vergl. v. Maurer, Geschichte der Frohnhöfe und Bauerhöfe. II. S. 451.
[31]) Vergl. Wyss, Urkunden der Fraumünster-Abtei. Nr. 57 von 1210. a, a. O. S. 54.

der Schwenden, Finken u. s. f.) kam. Im 15. Jahrhundert ist der Gemeindeverband völlig ausgebildet und dargestellt in der Offnung von Wiedikon[32]). Natürlich hatte auch da der gemeinsame kirchliche Verband seinen begünstigenden Einfluss für die Ausbildung der politischen Gemeinde, wie sie uns hier und in Enge mit ihren bestimmten Organen nach der Reformation entgegentritt.

Erstes Kapitel.

Die Errichtung der Bethäuser und die Anlegung von Friedhöfen in den äussern Gemeinden.

Schon im Anfang des 16. Jahrhunderts war die Gemeinde Enge wegen der immer stärker wachsenden Anzahl Solcher, die sich einkaufen wollten, in nicht geringer Verlegenheit. Damals bereits drängte sich Alles in die Nachbarschaft der Stadt, um so mehr, da das Einzuggeld sich nur auf 10 Schill. belief. Mehrmals kamen desshalb die Gemeindsvorgesetzten beim Rath mit der Bitte um Steigerung desselben ein. Man gewährte sie. 1558 war das Einzuggeld für den Landmann 5 Pfund, für den Fremden 10 Pfund. In den folgenden Jahren stieg es stufenweise bis auf 60 Pfund. Ende des vorigen Jahrhunderts beliefen sich die Einzugskosten, den Gemeindtrunk mitgerechnet, auf 200 fl. Schon 1550 durfte ohne Erlaubniss der Obervögte kein neuer Bürger angenommen werden und 1578 erhielt die Gemeinde die Erlaubniss, Fremde, die über den Rhein gekommen, abweisen zu dürfen, sowie Jeden, der einen nachjagenden Herrn hatte. Bei dem geringen Einzuggeld in jenen frühern Jahren fanden sich am allerzahlreichsten Handwerker ein, die den Stadtbürgern Eintrag thaten. Man wusste sich nicht besser zu helfen, als dass man sie vollends zu Stadtbürgern annahm, wobei aber freilich Bürgerschaft und Handwerk allzu stark besetzt und beschwert wurde, so dass kraft einer Rathserkanntniss vom 10. April 1602 den Gemeinden und

---

[32]) Abgedr. bei Grimm, Weisthümer. Bd. IV. S. 286. Schauberg, Zeitschrift für noch ungedruckte schweizerische Rechtsquellen. Heft 1. S. 14 u. ff.

Wachten um die Stadt die Aufnahme jedes Professionisten als Hintersäss, und namentlich der Schneider, Tischmacher, Maurer u. s. f., ein für alle Mal untersagt wurde.

Wir haben schon oben erwähnt, dass im Jahre 1661 die Katechisationen in den Ausgemeinden eingeführt wurden. Der erste Katechet in Enge war Hans Jakob Reutlinger. Ueber die Erbauung des Bet- und Schulhauses berichtet Hess a. a. O. (S. 238 u. ff.) Folgendes:

„Schon im Jahr 1734 war vor I. Stillstand bei St. Peter von Erbauung eines Bett- und Schulhauses die Rede, da die Unschicklichkeit, die Kinderlehre in der Gemeindsstube (im Wirthshaus beim Sternen) zu halten, die oft nicht eilfertig genug den sich einfindenden fremden Gästen geräumt werden konnte, und der Mangel eines eigenen Schulhauses stark genug gefühlt wurde. Der Plan war aber damals noch nicht zur Ausführung reif. Das gleiche Geschäft betrieb hernach, ohne bessern Erfolg, der damalige Katechete, Herr Thomann, mit allem Eifer. An der Neujahrsgemeinde 1766 war die Sache schon in Richtigkeit, als man über den Platz des aufzuführenden Gebäudes sich nicht vereinigen konnte und die endliche Berathschlagung wiederum für 6 Jahre hintertrieben wurde. Endlich vereinigten sich im Jahr 1772 alle Umstände. Geschworner Hans Jakob Rinderknecht machte sich um die Gemeinde durch Schenkung des jetzigen Platzes verdient. Auf den 18. Julius bemeldten Jahres wurde nach vollendeter Kinderlehre eine Gemeinde besammelt und derselben von Herrn Katechet Kambli ein so nachdrücklicher Vortrag gemacht, dass man am gleichen Tag etwas über 700 fl. versprochen und den folgenden andere 700 fl. durch die Vorgesetzten, die sich von Haus zu Haus meldeten, erhielt. Und weil bald hernach auch die in der Gemeinde ansässigen Stadtbürger reiche Beisteuern versprachen, unter denen sich der sel. Herr Paulus Meyer im Bleicherweg vorzüglich auszeichnete, so war man eines beträchtlichen Fondes versichert, der in wenigen Wochen auf 2087 fl. 28 Schill. stieg. Beträchtliche Zuschüsse hatte man einer hohen Obrigkeit, dem Stillstand bei St. Peter und den Herren Pfarrer und Diakon zu danken. Die benachbarte Gemeinde Wollishofen lieferte zwei grosse Eichen auf den Platz und von der Gemeinde Enge wurden drei Neujahrstrünke erspart. Im Frühjahr 1775 wurde das Gebäude angefangen, im Mai 1776 beendet, den 12. Mai des gleichen Jahres von Herrn Diakon Freytag und Herrn Katechet Kambli eingeweiht. Das ganze Gebäude, Schul- und Bethhaus, hat gekostet 8912 Pfund 15 Schill. Die freiwilligen Beisteuern aber überstiegen die Kosten noch um 26 Pfund 5 Schilling."

Ebenso wurde ein Bethausfond aus den nicht unbeträchtlichen Feststeuern und Vermächtnissen gebildet und allmälig geäufnet.

Dem Beispiel von Enge folgte im Jahre 1779 auch Leimbach. Dieses liegt eine gute Stunde von der Stadt an der Sihl gegen die Baldern hin. Die Filialgemeinde umfasst noch die Weiler und Höfe Häusli, Höckler, Mittel-Leimbach und Ries, hat eine Schule und zählt etwa 150 Seelen. Ober-Leimbach gehört kirchlich zu Kilchberg. Schon im 14. Jahrhundert befand sich zu Leimbach eine Kapelle, St. Gilgen oder St. Aegidi genannt, welcher wir oben in der Einleitung Erwähnung gethan haben. Der Kaplan derselben stand unter der Jurisdiktion der Abtei Fraumünster, hing aber von dem Leutpriester zu St. Peter ab und wurde von den Manessen auf der Manegg, für deren gottesdienstlichen Gebrauch die Kapelle ursprünglich erbaut worden war, erwählt. Schon lange vor der Reformation muss aber die Kapelle eingegangen sein. Die Lehenhöfe der Manessen kamen später an das Kloster Seldenau (Sellnau) und nach der Reformation an den Spital, der einen Theil davon (z. B. den Höckler) bis auf heute behielt, einen andern aber verkaufte. Bis 1779 wurde die sönntägliche Katechisation von dem Katecheten in einem Privathaus zu Unter-Leimbach abgehalten. Diess führte mehrere Unbequemlichkeiten mit sich; immer mehr fühlte man das Bedürfniss eines eigenen Kirchengebäudes. Man entschloss sich daher zum Bau eines Bethauses; Geschworner Welti schenkte den Platz dazu. Die Baute wurde von dem Zimmermann Salomon Welti für 1800 Pfd. an Geld, 4 Eimer Wein und 4 Mütt Kernen ausgeführt, am 20. März begonnen, im Brachmonat gl. J. beendet und Sonntags den 30. Juli das Bethaus eingeweiht.

Zu Wiedikon wurde die Katechisation ehedem in dem Gesellenhaus, nachher in einem eigens dazu bestimmten Gebäude gehalten. Im Frühjahr 1789 wurde der Bau des Bet- und Schulhauses angefangen und den 1. Mai 1791 dasselbe eingeweiht. Dazu wurden 600 fl. aus dem Petrinischen Kirchenfond gesteuert.

In der Erbauung dieser besondern Bethäuser liegt für die Ausgemeinden der erste Keim zur Bildung selbstständiger Kirchgemeinden. Denn die Bethäuser wurden Eigenthum der betreffenden politischen Gemeinden Wiedikon, Enge, Unter-Leimbach, nicht der Kirchgemeinde St. Peter; das Kirchengut leistete blosse Beiträge an die Erbauungskosten. Anschliessend hieran wurden auch in den Ausgemeinden besondere Bethausfonds aus Feststeuern und Vermächtnissen gebildet, welche bloss dazu dienen sollten, den baulichen Unterhalt der betreffenden Gebäude zu ermöglichen. Hand in Hand hiemit geht eine andere Phase der Entwicklung, die an sich unbedeutend ist, aber ebenso Beachtung verdient. Während nämlich, wie wir oben gesagt haben, die Ernennung der Katecheten ursprünglich vom Pfarrer bei St. Peter allein ausging, so steht hingegen seit dem Jahr 1787 ihre Bestätigung dem engern Stillstande zu[33]). Da nun in dem Stillstand die Ausgemeinden ebenso durch fünf Mitglieder repräsentirt waren, so hatten dieselben einen wenigstens indirekten Einfluss auf deren Wahl.

Es ist nun ausserordentlich interessant zu beobachten, dass ganz in die gleiche Periode ein anderes Ereigniss fällt, welches ebenfalls äusserlich dazu beiträgt, die grosse alte Gesammtgemeinde in vier verschiedene Bestandtheile umzubilden, während innerlich durch dasselbe gerade der Zusammenhang des Ganzen neu bestätigt wird. Wir meinen die Errichtung eigener Kirchhöfe. Immer mehr hatte man sich überzeugt, dass das Begraben in und unmittelbar um die Kirchen in der Stadt herum gesundheitsgefährlich und mit manigfachen Nachtheilen verknüpft sei. Der Rath der Stadt Zürich erliess daher an alle vier Stillstände den Auftrag, tauglichere Plätze auszuwählen. An den löbl. Stillstand zu St. Peter erging den 30. Juni 1787 die Aufforderung: gemäss den schon im Brachmonat 1785 und Christmonat 1786 ausgefällten Erkanntnissen neuer Dingen auf schickliche Translozirung der Kirchhöfe bedacht zu sein, und darüber spätestens bis Ende des laufenden Jahrs hoher Behörde vorzulegen, auch den äussern Gemeinden ohne Anstand zu insinuiren, dass sie

---

[33]) Hess, S. 293. Wirz, J. J., Histor. Darstellung der Verordnungen betr. das zürcher. Kirchen- und Schulwesen (1794) Bd. II S. 320.

für ihre Todten andere Begräbnissplätze ausser der Stadt ausfindig machen sollen. Im Hornung 1788 ward ein von dem engern Stillstand bei St Peter projektirtes und von dem grössern genehmigtes Gutachten hochobrigkeitlich ratifizirt, kraft dessen der St. Anna-Kirchhof zu den Stadtbegräbnissen, der Wiesenplatz des Pfrundhauses zu St. Jakob als Begräbniss der Verstorbenen in der Sihlgemeinde sowie auch der Hintersässen und Dienstbothen aus der Petrinischen Stadtgemeinde und die Kirche St. Jakob zum Abdanken bestimmt wurde. Der Platz dieses Kirchhofs war 16,384 Quadratschuh und wurde mit einem Eingang gegen die Strasse und mit einem eisernen Gitter versehen.

Den Ankauf und die Kosten der zu erbauenden Kirchhöfe in den äussern Gemeinden[34]) bestritt der Petrinische Kirchenfond. Die Gemeinde Wiedikon wählte sich im April 1788 einen Platz von 10,000 Quadratschuh, den sie ebnete und den Bau besorgte. Für alle Materialien und Arbeit versprach der l. Stillstand 750 fl. sammt den Kosten des eisernen Geländers. — Ein schöner und geräumiger Platz in der Gemeinde Enge für die Begräbnisse der Verstorbenen der Gemeinden Enge und Leimbach, dem Bethaus gegenüber, wurde von löbl. Stillstand mit 500 fl. bezahlt. Die Maurer-, Steinmetz- und Schlosser-Arbeit kostete 850 fl. 10 Schill., das Ganze zusammen also 1350 fl. 10 Schill.

Mit Johanni 1788 wurde mit dem Beerdigen der Anfang gemacht und zwar so, dass, um Collisionen auszuweichen, an den Werktagen in Enge die Leichenbegängnisse Morgens um 10 Uhr, in Wiedikon um 12 Uhr, zu St. Jakob, wie in der Stadt, Abends um 4 Uhr stattfanden und das Abdanken von Seite des Stillstandes gänzlich den Katecheten überlassen wurde.

Zu dieser Aenderung der Begräbnissplätze bequemten sich die äussern Gemeinden willig und boten gern alle Hand dazu, doch mit dem ausdrücklichen Vorbehalt: „dass ihnen diess an ihren bisherigen uralten, wohl hergebrachten Freiheiten und Privilegien, auch habenden Antheil an dem Kirchengut zu St. Peter weder früher noch später nicht im geringsten hinderlich oder nachtheilig sein sollte", was ihnen dann von Seite des grössern Stillstandes zuerst durch

---

[34]) Hess, S. 261 ff.

eine Interims-Urkunde, dann durch ein förmliches, gesiegeltes Instrument feierlich zugesichert wurde. Diess war das erste schriftliche Dokument, welches diese Gemeinden ihrer Rechte und Freiheiten halber erhielten und in ihren Archiven aufbewahren.

Die der Gemeinde Enge diessfalls behändigte Urkunde lautet so:

„Im Namen eines hochansehnlichen grossen Stillstands der Kirche allhier, zu St. Peter, wird denen sämtlich respektiven Vorgesetzten der Ehrsamen Gemeind Engi und Leimbach, auf ihr diesfalls gethanes ehrerbietiges Ansuchen, diese auf Pergament geschriebene Urkunde, zu Handen derselben, mit der feierlichen Versicherung zugestellt, dass, da bemeldte E. E. Gemeinde, in gehorsamster Befolgung des, zufolg hoher Rathserkanntnuss, an Sie, sowie an die zwei Ehrsamen Gemeinden Wiedikon, und Ausser-Sihlgemeind, nachher ertheilten Auftrags, auf einen eignen Beerdigungsplatz in ihrem Bezirk bedacht zu sein, durch die freundschaftliche Handbietung ihres dermaligen wackern Untervogt Landolts, der ihro zu dieser Bestimmung eine Strecke von seinem eignen Land käuflich überlassen will, einen eigenen Begräbnissplatz für ihre Leichen ausfündig gemacht, nicht sowohl der Ankauf des hiezu erforderlichen Landes, als die über die Einrichtung und in Ehrenhaltung des Kirchhofs ergehende Kosten, von der Kirche bei St. Peter, werden übernommen, sondern sie noch überdiess, in Kraft dieses vollgültigen Briefs, auf das stärkste sicher gestellt sein, dass mehr benannter respektiver Gemeinde Engi und Leimbach diese Veränderung an ihren uralten, wohlhergebrachten Wahlgerechtigkeiten, Gebräuchen und Freiheiten, auch an allen ihren übrigen Ansprüchen an das Kirchengut, desgleichen an ihren, ab Seite der Gemeind Engi gehabten und noch habenden zwei ehrenhaften Beysitzen, und Plätzen, in dem grössern und engern Stillstand, in die Zukunft, und zu allen ewigen Zeiten, nicht präjudicirlich noch nachtheilig, sondern sie auf die kräftigste Weise dabei beständig geschützt heissen und verbleiben sollen.

„Zu dessen mehrerer Versicherung diese Urkunde mit dem gewohnten Kirchen-Insiegel bekräftiget aushin gegeben worden."

„Montags den 11. April 1788.
    (Sig.)   Kirchenschreiber."

Das Wahlrecht der Ausgemeinden, das bisher auf Herkommen beruht hatte, wird hier zum ersten Mal urkundlich bestätigt und ebenso werden die Ansprüche an das gemeinsame Kirchengut gewahrt.

Zweites Kapitel.

Die Abtrennung Aussersihls von Wiedikon.

Die alte und ursprüngliche Gemeinde Wiedikon umfasste die ganze Gegend zwischen dem Uetliberg und der Sihl bis zur Sihlbrücke [25]); im Jahr 1787 wurden aber verschiedene Ortsgegenden von Wiedikon getrennt, namentlich das sogenannte Sihlfeld, Hard, Kräuel, das ehemalige Siechenhaus St. Jakob [26]), Töltsch, Weerdegg und Weerdgasse (auch Friesenberg) und zu einer eigenen politischen Gemeinde unter dem Namen Aeussere Sihlgemeinde oder Aussersihl erhoben. Indessen war schon im Jahr 1661 für die Kinder an der Sihl und aus dem Hard auch eine eigene Katechisation angeordnet und ein Katechet bestellt worden. Seit 1670 übernahmen aber die Pfarrer zu St. Jakob die diessfälligen Verrichtungen und dabei verblieb es bis in die neuere Zeit (s. unten). Hiefür bezog er aus dem Kirchengut 3 Eimer Wein und 20 Pfund an Geld. In dem Gemeind- und Einzugs-Brief wird ausdrücklich auch der kirchlichen Verhältnisse Erwähnung gethan und die Zusammengehörigkeit mit St. Peter betont. Artikel VII und XII enthalten folgende Bestimmungen:

Artikel VII. „Das Gemeindgut soll zu keinem andern als zu nützlichen und zum Besten und Vortheil der gesammten Gemeind oder einzelner Glieder derselben dienenden Ausgaben angewandt werden. Als: *a.)* Zur Unterhaltung und Auferziehung armer Waisen, deren Anverwandte sich nicht im Stande befinden, ihnen den nöthigen Unterhalt und Erziehung zu geben. *b.)* Zu Hauszinsen für arme Haushaltungen. *c.)* Zu Kostgeldern für arme Kranke, die im Spital verpflegt

---

[25]) Die ehemalige Obervogtei Wiedikon umfasste diesen ganzen Bezirk nebst dem Dorf Albisrieden.
[26]) Vergl. über dasselbe Vogel, Memor. I. S. 310. Der Pfarrer wurde seit der Reformation vom Rath, später vom Stadtrath gewählt.

werden. d.) Zu Tischgeldern für solche Personen, die wir wegen ihres schlechten und strafbaren Wandels in das Zuchthaus zu versorgen nothwendig befinden, und zu andern dergleichen ähnlichen und nothwendigen Ausgaben mehr. Wobei jedoch, vorzüglich in wichtigen Fällen, und wenn die jährlichen Einnahmen des Gemeindguts nicht hinreichen würden, unser Almosenamt allhier gewohnter Massen, jeder Zeit mit milder und willfähriger Unterstützung an die Hand gehen wird, jedoch nur auf gehörigen Bericht E. E. Stillstandes bei St. Peter allhier, als welcher Kirchen-Gemeind diese neuerrichtete Commun, gleich E. E. Gemeind Wiedikon, in Kirchensachen anhängig sein, und bei derselben die damit verbundenen ansehnlichen Rechte und Vorzüge zu geniessen haben soll."

Artikel XII. „Es sollen jederzeit zwei Ehegaumer sein, die vor der gesammten Gemeind auf 6 Jahr erwählt werden, in der gleichen Meinung, dass jederzeit einer aus den Gemeindsgenossen ob und der andere aus denen unter der Strasse hinzugenommen werden. Sobald sie von der Gemeind erwählt werden, sollen sie unsern Obervögten vorgestellt und von Wohldenselben ihrer Pflichterfüllung halben in's Handgelübd genommen werden; und zwar liegt ihnen ob, auf das moralische Verhalten aller Haushaltungen in der Gemeind die gehörige Aufsicht zu haben; und, was in selbigen den Sitten und der Ehrbarkeit zuwider gehandelt wird, ohne Anstand, einem jeweiligen Pfarrherren bei St. Peter allhier zu seinem weitern Befinden und Verfügen anzuzeigen: Auch soll ihnen nach Verfluss von 6 Jahren freistehen, ob sie länger bei dieser Stelle verbleiben wollen oder nicht."

Im Jahr 1793 bestand diese äussere Sihlgemeinde aus 558 Seelen oder 136 Haushaltungen. Die Schule ward auf Martini 1788 eröffnet.

Drittes Kapitel.

Stellung und Pflichten der Katecheten.

Bis zum Jahre 1661 hatte der Religionsunterricht der Landjugend ebenfalls dem Stadt-Diakon obgelegen. Die sonntäglichen Kinderlehren wurden von ihm zur Sommerszeit in der St. Anna-Kapelle, während des Winters abwechselnd in Wiedikon und Enge gehalten. Später wurde dieser Jugendgottesdienst und der Konfirmationsunterricht in die St. Peterskirche verlegt. Schon im Jahr 1631 waren auf Antrieb des Herrn Antistes Breitinger in den andern Stadtpfarrkirchen, sowie beim Kreuz, in Fluntern, Ober- und Unterstrass sonntägliche Katechisationen angeordnet worden. Dreissig Jahre später kreirte die St. Peters-Gemeinde vier **Katechetenstellen**: zu St. Jakob, Wiedikon, Enge und Leimbach. Theologie-Studirende wurden vom Pfarrer zu diesem Dienste erwählt; allein es ist wohl zu beachten, die Seelsorge lag diesen Katecheten durchaus nicht ob, sondern blieb dem Pfarrer und Helfer überlassen. Jene hatten nichts Anderes zu besorgen als den sonntäglichen Jugend- sowie den Konfirmationsunterricht; daneben beaufsichtigten sie die Gemeindsschule und dankten bei Leichenbegängnissen seit Errichtung der äussern Kirchöfe ab.

In den ältern Stillstandsprotokollen werden die Katecheten **Sub-Diakoni** genannt, woraus sich ergibt, das sie nöthigenfalls den beiden Herren Geistlichen an der Pfarrkirche Aushülfe leisten mussten. Auch wurden ihnen zuweilen die Wochenpredigten überlassen und ebenso hielt jeder derselben an den hohen Festtagen eine Nachmittagspredigt in seiner Landgemeinde. Ihre Einkünfte waren aber ausserordentlich bescheiden; der Katechet zu Leimbach erhielt 60 Pfund oder 30 fl. aus dem Kirchengut, derjenige von Enge 10 fl. aus dem Kirchengut und 10 fl. von der Gemeinde; derjenige von Wiedikon 10 fl. aus dem Kirchengut und bloss 6 fl. von seiner Gemeinde. Der Gratifikation des Pfarrers zu St. Jakob haben wir bereits erwähnt.

Viertes Kapitel.

Die Schicksale der St. Peters-Gemeinde während der helvetischen Republik, der Mediations- und der Restaurationszeit.

Das Pfarrarchiv der Gemeinde besitzt ein von der Hand des sel. Herrn Pfarrers Hess geschriebenes zierliches Manuscript, worin die verschiedenen kirchlichen Ordnungen und

Satzungen für die Herren Geistlichen, den Sigrist, die Todtengräber, die Wahlordnung und Aehnliches enthalten sind. Voraus geht eine kurze historische Einleitung über die Schicksale der St. Peterskirche, datirt vom Hornung 1805[37]). Der Verfasser berichtet hier über die Periode der helvetischen Republik bis zum Jahre 1803 Folgendes:

„Im Anfang dieser traurigen Revolution (nämlich 1798), da die bisherige Regierung resignirte, löste sich der grosse Stillstand bei St. Peter von selbst auf und verschwand; der kleinere dachte darauf, sich zum Besten der Kirchgemeinde eine neue Consistenz zu geben, besammelte im April 1798 sämmtliche Gemeindsbürger, legte denselben einen Grundriss der künftigen Einrichtung des Kirchenwesens vor, welcher mit einigen Modifikationen allgemeinen Beifall erhielt, erklärte sich nach damaliger Sitte für provisorisch und liess sich von der Gemeinde neuerdings wählen, wo dann mehrere der bisherigen Mitglieder die Stellen behielten. Nun wurden die Stillstandsrechte des Nähern bestimmt, die bisherigen Rechte des grossen Stillstandes in Bezug des Oekonomiewesens in die Hände der Gemeinde gelegt, derselben jährlich die Kirchenrechnung, beider, des Kirchenguts- und des Neustiftsfonds, nachdem sie vorher von dem Stillstand geprüft worden waren, zur Annahme vorgelegt, bei welcher Gelegenheit dann auch ein historischer Bericht über den Gang der Kirchenangelegenheiten verlesen worden ist. Ueberhaupt wurde das Kirchenwesen der Gemeinde auf einen festen Fuss gesetzt, für die Vorsteher, die beiden Prediger, die übrigen Beamten mit Genehmigung der Gemeinde neue, den Zeitumständen angemessene Verordnungen entworfen und besonders auch das Schul- und Armenwesen in's Auge gefasst; gerne ratifizirte die Gemeinde diese Ordnungen und Einrichtungen und so kam nach und nach ein vollständiges Ganzes zusammen, welches nach mehrmaligen Modifikationen endlich zu einer den jetzigen Zeiten angemessenen Vollkommenheit gelangte. Während dieser Revolutionsjahre war unser auf uralte Rechte sich stützendes Kirchenwesen einem im Sturm

---

[37]) Diese schriftlichen Notizen bilden eine kleine Ergänzung zu der gedruckten Geschichte der St. Peterskirche von dem gleichen Verfasser. Sie gehen aber nur bis zum Jahre 1803. Von da an waren wir ausschliesslich an die Protokolle des Stillstandes gewiesen.

herumgejagten Schifflein gleich, das mehrmals umzuschlagen drohte, dennoch aber am Ende glücklich in den Hafen einlief. Es war ein paar Male auf dem Punkt, dass der Gemeinde die alten Wahlrechte sollten genommen werden. Doch hatten die dringenden Vorstellungen, die man von Seite der wachsamen Vorsteher mehrmals an die helvetische Regierung gelangen liess, endlich so gute Wirkung, dass den Gemeinden und Privaten ihre Wahlrechte neuerdings gesichert wurden. Auch waren die Verwendungen in Bezug des Schulwesens in den Landgemeinden und der dem Stillstande zukommenden Wahlen der Schulmeister ebenfalls von guter Wirkung. Endlich kam im Frühjahr 1803 das Kirchenwesen durch die Verordnungen einer das Wohl ihres Landes im Auge habenden Regierung wieder auf einen bessern Fuss. Die Städte Zürich und Winterthur wurden kraft eines Regierungsbeschlusses bei ihren kirchlichen Einrichtungen und Stillstandsordnungen belassen und diese ihnen neuerdings zugesichert."

Das Gesetz vom 2. Juni 1803 über die Organisation des Kirchenwesens des Kantons Zürich ordnete die kirchlichen Verhältnisse auf der bisherigen historischen Grundlage, jedoch mit dem Bestreben, eine möglichst gleichmässige Gestaltung herbeizuführen. Durch dasselbe wurden namentlich die Rechte und Pflichten der Stillstände normirt, während die sogenannte Prädikantenordnung die Pflichten der Geistlichen enthielt und das Matrimonialgesetz an die Stelle der frühern Ehegerichtssatzung trat.

Wir haben die sämmtlichen Stillstandsprotokolle vom Jahr 1800 an genau durchgangen, allein bis zum Jahre 1830 nichts daraus entnehmen können, was von allgemeinem Interesse oder für unsern speziellen Zweck von Bedeutung wäre. Wir wollen bloss hervorheben, dass im Jahre 1802[38]) die bereits oben erwähnte Wahlordnung der Geistlichen, des Sigristen und Todtengräbers nochmals revidirt und von der Gemeinde genehmigt wurde. Der Schwerpunkt des kirchlichen Verwaltungslebens lag nun in der Gemeinde, welcher jährlich bei Anlass der Abnahme der Kirchengutsrechnung auch ein ausführlicher Bericht über den sittlichen und religiösen Zustand

---

[38]) Die Seelenzahl der Gesammt-Kirchgemeinde betrug damals ungefähr 5300 (an- und abwesende). Stimmberechtigt hievon waren bloss 1016.

und namentlich auch über das Schul- und Armenwesen der Stadtabtheilung und der Ausgemeinden erstattet wurde. Es ergiebt sich aus den Protokollen namentlich, dass dem Schulwesen grosse Aufmerksamkeit gewidmet wurde und dass die Zinse des Neustiftsfonds ihrer Bestimmung gemäss für die Aufbesserung der Lehrergehalte und Anschaffung von Lehrmitteln verwendet wurden. Auch die Einkünfte der Katecheten wurden 1807 und wiederum 1810 erhöht, blieben aber immerhin höchst bescheiden. Die Katecheten von Wiedikon und Enge erhielten aus dem Kirchengut 55 alte Zürchergulden.

Das Gesetz über das Kirchenwesen vom 2. Juni 1803 blieb bis zum Jahr 1831 in Kraft. Wie es überhaupt in den kirchlichen Verhältnissen der Stadt Zürich nichts Wesentliches geändert hatte, so blieb auch die Stellung der St. Petersgemeinde und namentlich das Verhältniss der Ausgemeinden zur Mutterkirche und zur Stadtgemeinde ganz dasselbe.

Vom Jahr 1778—1801 war der berühmte J. C. Lavater zuerst Diakon, dann Pfarrer in unserer Gemeinde. So wenig es hier nothwendig ist, seine Verdienste und seine Bedeutung hervorzuheben, da ja unsere Arbeit nur den Zweck hat, die Rechtsverhältnisse unserer Kirchgemeinde und die Möglichkeit einer Neugestaltung derselben zu erörtern und festzustellen, so wäre doch jede Geschichte unserer Pfarrkirche, wir möchten fast sagen, des höchsten Schmuckes beraubt, wenn sie nicht in dankbarer Pietät, wie eines Leo Judæ, so auch Lavaters Erwähnung thäte. Die Gemeinde ehrte das Andenken ihres leider durch die Ruchlosigkeit eines französischen Soldaten zu früh dahingerafften Seelsorgers durch eine Gedenktafel im Chor der Kirche. Durch die Stiftung eines eigenen Privat-Armenfondes hatte er selbst der Gemeinde ein bleibendes Denkmal hinterlassen. An seine Stelle wurde der schon mehrmals erwähnte und durch vielfache litterarische Arbeiten bekannte bisherige Diakon Salomon Hess zum Pfarrer gewählt.

Dritter Abschnitt.

Die Periode von 1831 bis zum Erlass des neuen Kirchengesetzes vom Jahr 1861.

Erstes Kapitel.
Das Gesetz über die kirchlichen Verhältnisse der Stadt Zürich und der dahin kirchgenössigen Landgemeinden vom 27. März 1833.

Der grösste Theil der Kollaturrechte[39]) in den ältern Kirchgemeinden des Kantons Zürich kam theils beim Ankauf der verschiedenen Herrschaften, theils bei der Säkularisation der zürcherischen Klöster an die Obrigkeit, aber viele Pfründen waren auch noch von fremden Kollatoren (Aebten benachbarter Klöster u. s. f.) abhängig. Die St. Petersgemeinde war die einzige[40]), welche das Recht unbedingt freier Wahl ihrer Geistlichen wie ihrer Kirchenvorsteher hatte. Erst die neue Staatsverfassung vom Jahre 1831 ertheilte (im Art. 85) den Gemeinden das Recht, ihrer Pfarrer und Helfer auf einen Dreiervorschlag des Kirchenrathes aus der Zahl der in das zürcherische Ministerium aufgenommenen Geistlichen zu erwählen. (Die Ordnung derjenigen Kollaturverhältnisse, welche

---

[39]) Ueber die frühern Kollaturen vergleiche: Meyer v. Knonau der Kanton Zürich. Bd. II. S. 365 ff.

[40]) Eine Ausnahme machte ausserdem einzig noch die Stadt Winterthur. Ihr war im Jahr 1298 von König Albrecht urkundlich das Recht verliehen worden, ihren Priester selbst wählen zu dürfen. Dieses Recht wurde aber nicht von der Gemeinde, sondern vom Magistrat ausgeübt, und gieng mit der Reformation bezüglich des ersten Pfarrers an die Regierung (den Rath) von Zürich über, welcher nun den Pfarrer besolden und das Pfarrhaus unterhalten musste. Das Wahlrecht der zweiten Pfarrstelle verblieb dagegen Winterthur und wurde bis 1831 immer vom dortigen Stadtrath ausgeübt.

nicht dem Staate zustanden, wurde durch ein besonderes Gesetz vom 20. Christmonat 1831 (N. O. S. I. 323). geordnet und es wurden dieselben allmälig abgelöst, so dass jetzt überall Uniformität herrscht.) Das Gesetz vom 25. Weinmonat 1831 enthielt die nöthigen Bestimmungen über die Organisation des Kirchenwesens im Kanton Zürich. Im Anschluss hieran war es nothwendig, auch die kirchlichen Verhältnisse der Stadt Zürich und der dahin kirchgenössigen Landgemeinden zu reguliren. Diess geschah durch ein Spezialgesetz vom 27. März 1833 (N. O. S. III. S. 85 u. ff). Darnach zerfällt die Stadt Zürich in kirchlicher Beziehung in vier Gemeinden und es blieben die zum Grossmünster, St. Peter und Predigern kirchgenössigen Landgemeinden ferner mit diesen Pfarrkirchen verbunden. Ueber die Gemeinde zum St. Peter enthält das Gesetz folgende Bestimmungen:

§ 11. „Die Gemeinde zum St. Peter besteht aus der dahin kirchgenössigen Stadtabtheilung und den in gleichem Falle befindlichen politischen Gemeinden Enge mit Leimbach, Wiedikon und Aussersihl.

§ 12. „Sie hat einen Pfarrer, einen Helfer und vier Katecheten für Enge, Leimbach, Wiedikon und Aussersihl, an welcher letztern Gemeinde der Pfarrer bei St. Jakob fernerhin die Geschäfte eines Katecheten besorgt.

§ 13. „An der Gemeinde zum St. Peter ist ein aus Mitgliedern der Stadtabtheilung und der Ausgemeinden zusammengesetzter Stillstand. Er besteht neben dem Pfarrer, dem Helfer und den vier Katecheten, welche sämmtlich von Amts wegen darin sitzen, aus 19 Mitgliedern von freier Wahl, welche nach einer im Verhältniss der Bevölkerung vorzunehmenden und je zu 10 Jahren um einer Revision zu unterwerfenden Vertheilungsweise, theils durch die Stadtabtheilung, theils durch jede der Landgemeinden Enge mit Leimbach, Wiedikon und Aussersihl aus ihrer Mitte gewählt werden.

Den Präsidenten des Stillstandes wählt die gesammte Kirchgemeinde frei aus der Mitte des Stillstandes.

§ 14. „Der Pfarrer und der Helfer werden laut Art. 8 des Gesetzes betreffend die Pfarrpfründen, rücksichtlich welcher nach Art. 85 der Verfassung nähere Bestimmungen zu treffen sind, von der Kirchgemeinde ohne Vorschlag mit Anzeige an den Regierungsrath gewählt.

§ 15. „Mit Ausnahme des Katecheten in Aussersihl werden die drei übrigen aus einem Dreiervorschlage des Kirchenrathes von den betreffenden Gemeinden gewählt. Sie müssen ordinirte Geistliche sein. Nichtordinirte können nur vikariatsweise die Stelle versehen. Die Verrichtungen der Katecheten wird die Prädikantenordnung festsetzen.

§ 16. „Der Sigrist und der Todtengräber werden von der gesammten Kirchgemeinde gewählt. Den Vorsinger wählt der Stillstand."

Nach § 28 soll der Präsident des Stillstandes St. Peter zugleich auch die Gesammtkirchgemeinde präsidiren und nach § 29 das sonn- und festtägliche Almosen in den städtischen Kirchen wie bisanhin zusammengetragen und vertheilt werden.

Ebenso wurden auch die Verhältnisse der Katecheten durch ein besonderes Gesetz vom 27. Brachmonat 1834 geordnet (N. O. S. III. p. 281). Dieses Gesetz ertheilt nun in Uebereinstimmung mit den für die übrigen Kirchgemeinden des Kantons geltenden Grundsätzen den Ausgemeinden das Recht, ihre Geistlichen, welche den Namen Katecheten beibehalten, aus einem Dreiervorschlag des Kirchenrathes selbst zu wählen. Nur in Aussersihl soll die Stelle eines Katecheten mit derjenigen eines Pfarrers bei St. Jakob verbunden bleiben.

Mit Ausnahme der Zudienung der h. Sakramente, der Einsegnung der Ehen und der Beerdigungen wurden diesen Katecheten alle übrigen pfarramtlichen Geschäfte, insbesondere die Seelsorge und der Religionsunterricht der Jugend gänzlich übertragen; sie sollen zugleich auch die Geistlichen an den Hauptkirchen in ihren Funktionen unterstützen und an der Besorgung des Armenwesens Theil nehmen; auch gehören sie als stationirte Geistliche dem Kapitel Zürich an. Sie beziehen die ihnen von den betreffenden Gemeinden bestimmten Beiträge und Emolumente und überdiess erhält jeder der St. Petrinischen Katecheten, mit Ausnahme desjenigen von Aussersihl, 300 Franken a. W. vom Staat, der Pfarrer zu St. Jakob für seine Katechetendienste in Aussersihl 150 Franken. Von da an übernimmt also der Staat die Besoldung dieser Geistlichen in den Ausgemeinden, freilich in beschränktem Maasse.

Das St. Petrinische Kirchengut leistete daneben jährliche

Beiträge von je 50 alten Zürcher Gulden oder 80 Franken für jeden einzelnen Katecheten.

Diese Gesetzgebung der Dreissigerjahre hat den ersten Schritt gethan, um die kirchliche Selbstständigkeit der Ausgemeinden anzubahnen, indem sie denselben die Wahl ihrer Geistlichen übertrug. Während man die Gesammtkirchgemeindsversammlung als das eigentliche Organ dieser grossen Gemeinde hinstellte, welche den Pfarrer und den Helfer wählte, die Kirchengutsverwaltung kontrollirte u. s. f., hatte weder sie noch der Gesammtkirchenstillstand zur Wahl der Katecheten nur ein Wort zu sagen. Entweder hätten auch diese Geistlichen von der Gesammtgemeinde gewählt werden sollen, da sie doch noch als eine Art Hülfsgeistliche an der Mutterkirche betrachtet wurden, oder dann hätte man der Stadtabtheilung zum allermindesten doch wenigstens die Wahl des Diakons anheimgeben sollen, wie diess beim Predigern der Fall war. Bei der Neugestaltung aller Verhältnisse wäre es damals leicht gewesen, eine kirchliche Ausscheidung der Ausgemeinden von der Stadt gesetzgeberisch und faktisch vorzunehmen, und es ist ausserordentlich zu beklagen, dass diess damals nicht einmal angestrebt wurde. Wollte oder konnte man aber diess in jener Periode nicht ausführen, so hätte wenigstens die Gesetzgebung sich hüten sollen, eine Zwitterstellung dieser Ausgemeinden zu schaffen, die nothwendig zu den grössten Unbilligkeiten führen musste. Leider hat, wie wir weiter unten sehen werden, das neue Kirchengesetz vom Jahr 1861 diesen Fehler keineswegs gut gemacht, sondern im Gegentheil noch grössere Schwierigkeiten herbeigeführt, und es blieb der Petrinischen Gemeinde vorbehalten, unter einem unnatürlichen Zustand bis auf heute zu leiden, während die Predigergemeinde nicht im gleichen Verhältnisse sich befand und die Grossmünstergemeinde sehr bald zu einer neuen städtischen Kirchgemeinde sich umwandelte.

Anhang I.

Die Prediger-Gemeinde.

Die Kirchgemeinde zum Predigern entstand erst nach der Reformation, indem vor jenem Zeitpunkt die ganze grosse

Stadt und deren Umgebung in den Grossmünster pfarrgenössig war. Die Heilige Geist- oder Predigerkirche war bloss Klosterkirche gewesen; bei Aufhebung des Klosters wurde der Gottesdienst in derselben ganz eingestellt und nur noch in der Spitalkapelle, welche die Bewohner des Niederdorfs gerne besuchten, gepredigt. Als aber diese zu eng wurde, beschloss man im Jahre 1544, dass der Predikant im Spital für den untern Theil der Stadt sonntäglich im Chor der alten Klosterkirche eine Predigt halten solle. Er erhielt den Titel „Predikant zu den Predigern und im Spital", 1571 die Würde eines Chorherrn am Grossmünster und 1575 auch die Befugniss, das h. Abendmahl in seiner Kirche auszutheilen. Aber erst im Jahr 1614 wurde die Predigergemeinde gänzlich vom Stift zum Grossmünster getrennt und zu einer eigenen Pfarrei erhoben, welche nunmehr die untere Hälfte der Stadt und die drei äussern Gemeinden Fluntern, Ober- und Unterstrass umfasst. Neben dem Pfarrer wurde in dem benannten Jahr auch ein Diakon gewählt, der bis 1683 zugleich den Spital versehen musste. Beide wurden vom kleinen Rath gewählt. Die äussern Gemeinden erhielten später ebenfalls ihre eigenen Katecheten für den Jugendunterricht und durch das oben erwähnte Gesetz über die kirchlichen Verhältnisse der Stadt Zürich und der dahin kirchgenössigen Landgemeinden vom Jahre 1833 auch ihre eigenen Stillstände.

Nach dem zitirten Gesetz wurden bloss der Pfarrer von der Gesammtgemeinde gewählt aus einem dreifachen Vorschlag des Kirchenrathes, der Helfer dagegen von der Stadtabtheilung und die Katecheten von den betreffenden Gemeinden aus eben einem solchen dreifachen Vorschlag; den Sigrist wählt die Gesammt- und den Todtengräber je die betreffende Gemeinde.

Die Mutterkirche gehört dem Staat und ein gemeinschaftliches Kirchengut ist gar nicht vorhanden. Ebensowenig existirt hier eine Gesammtkirchenpflege, sondern es bestehen vier Separatstillstände neben und unabhängig von einander. Hierin liegt der grosse Unterschied gegenüber der St. Petrinischen Gesammtkirchgemeinde.

Anhang II.

Die Bildung der Kirchgemeinde Neumünster.

Am 27. März 1833 beschloss der Grosse Rath, in Berücksichtigung, dass bei der bedeutenden Bevölkerung der zum Grossmünster unter dem besondern Namen der „Gemeinde zum Kreuz" eingepfarrten politischen Gemeinden Hottingen, Hirslanden und Riesbach eine Trennung derselben von der Stadtgemeinde unter angemessenen Bedingungen als wünschbar und zeitgemäss erscheine: „es soll der Regierungsrath ermächtigt sein, auf den Fall, dass die Kreuzgemeinde um Trennung von der Grossmünstergemeinde einkommen sollte, den diessfälligen Vertrag abzuschliessen und den Antrag zur Bildung der Kreuzgemeinde zu einer besondern Kirchgemeinde zu hinterbringen."[41])

Dieser Fall trat auch wirklich ein. Die Kreuzgemeinde reichte am 9. Jenner 1834 ein Trennungsbegehren ein und am 12. Hornung gl. J. kam zwischen dem Regierungsrathe und der Gemeinde ein Vertrag zu Stande, in welchem folgende Punkte festgesetzt wurden:

1. Der Regierungsrath wird dem Grossen Rathe einen diessfälligen Gesetzesentwurf vorlegen.
2. Die neue Kirchgemeinde übernimmt die Erbauung und Unterhaltung einer eigenen Kirche, eines Kirchthurms und Kirchhofs auf eigenem Grund und Boden. Der Bau soll bis spätestens Weihnacht 1836 beendigt werden.
3. Zu diesem Zwecke gibt der Staat sogleich einen Beitrag von 20,000 Franken a. W.
4. Die bisherige Kirche und der Kirchhof zum Kreuz werden (abzüglich des zur Strassenkorrektion im Zeltweg Nöthigen) an die neue Kirchgemeinde überlassen, die in ihren Kosten die alte Kirche abträgt.
5. Allfälliger Austausch von Land in den Fortifikationen von Zürich zur Erbauung der Kirche wird der Regierungsrath in billiger Schatzung gewähren.
6. Der Staat besoldet den Pfarrer der neuen Kirchgemeinde

---

41) Siehe N. O. S. III. S. 94.

gemäss den Vorschriften des Besoldungsgesetzes und giebt ihm eine Miethzinsentschädigung von 320 Franken a. W.
7. Die bisherigen Leistungen von Staat und Stift, nämlich an Schullehrer und Sigrist, werden mit dem 25fachen Betrag in Geld losgekauft, nämlich:

mit 1650 Frkn. vom Staat,
„ 3484 „ „ Stift,
Summa 5134 Franken.

Diese an die neue Gemeinde zu entrichtende Summe ist in dem sub Nr. 3 bezeichneten Beitrag von 20,000 Franken nicht inbegriffen.
8. Mit dem Tage der Einweihung der neuen Kirche hören die bisherigen Verhältnisse des Kirchenalmosens und übrigen kirchlichen Verhältnisse der drei Gemeinden zum Grossmünster und der Stadtkirchgemeinde auf.

Bis zu diesem Zeitpunkte werden die Kinder aus denselben im Grossmünster getauft

Dieser Vertrag wurde vom Stillstand und den Gemeindräthen ratifizirt.

In Folge dessen beschloss sodann der Grosse Rath am 11. April 1834: „Die politischen Gemeinden Hottingen, Hirslanden und Riesbach bilden eine eigene Kirchgemeinde und geniessen als solche alle Rechte und Befugnisse, welche den übrigen Kirchgemeinden des Kantons durch Verfassung und Gesetze zugesichert sind. Die Wahl des Namens ist der Gemeinde überlassen." [42])

Es ist bekannt, wie in den Jahren 1836 bis 1839 auf einem herrlich gelegenen Platze die zierliche neue Kirche erbaut wurde und dass diese Kirchgemeinde sich den Namen Neumünster-Gemeinde beilegte. Im Jahre 1836 zählte man dort 5429 Einwohner und schon 1860 fast das Doppelte, nämlich 9492. Jetzt sind zwei Geistliche an der Gemeinde angestellt. Sie selbst aber blickt mit berechtigtem Stolz auf ihr schönes Gotteshaus, das nicht wenig zur Hebung des geistigen und sittlichen Lebens der Bevölkerung beigetragen hat.

---

[42]) N. O. S. III. S. 270.

Zweites Kapitel.

Die Ausscheidung des St. Petrinischen städtischen Armen- und Schulgutes und dessen Einverleibung in das allgemeine städtische Armen- und Schulgut in den Jahren 1833 und 1834.

In Folge der Reformation wurde das Armenwesen in unserm Kanton von Staats wegen an die Hand genommen und geordnet [43]) und einerseits ein sogenanntes Almosenamt errichtet, anderseits eine Almosenordnung erlassen. Ersteres, d. h. der Fond zur Bestreitung der Armenausgaben, wurde gebildet aus dem Vermögen der aufgehobenen Klöster, einzelner Pfründen und dem Verkauf von 5 Chorherrenhäusern. Durch dieses Almosenamt leistete der Staat Handsteuern an Bedürftige, Beiträge an Arztkonti, Brod, Holz und Lebensmitteln. Daneben wurde die regelmässige Einsammlung des Kirchenalmosens (sogenanntes Säckligeld) eingeführt. Ferner sollte in jeder Kirchgemeinde ein Kirchengut gebildet und dieses vornehmlich auch (neben den speziellen kirchlichen Zwecken) zur Unterstützung der Hülfsbedürftigen verwendet werden.

Was nun speziell unsere St. Petersgemeinde anbetrifft, so wurde hier, wie sich aus den Rechnungen ergiebt, aus dem Kirchengute selbst nichts für die Armen verwendet, ausgenommen dass aus dem Neustiftfond arme Schulkinder bedacht wurden. Die Kirchenalmosen fielen in das allgemeine Almosenamt, aus welchem dann auch die Armen der St. Petersgemeinde sowie diejenigen der übrigen Stadtgemeinden auf die besondere Empfehlung ihres Geistlichen hin unterstützt worden sind. Indessen waren jene Stadtgeistlichen immer im Stande, nicht unbeträchtliche Handreichungen ihren Gemeindsarmen zufliessen zu lassen und insbesondere bedürftige Kranke zu trösten aus den Legaten, Privatgeschenken und sogenannten Gottesgaben, die von mildthätigen Bürgern in ihre Hände gelegt wurden. Auch blieben den Stadtgemeinden die sogenannten Festalmosen. Zur Zeit der helvetischen Republik

---

43) Vergl. Meyer von Knonau, Kanton Zürich. II. S. 226 ff.

erwuchs für sämmtliche Kirchgemeinden der Stadt die Nothwendigkeit, sich rücksichtlich des Armenwesens auf einen andern Fuss zu setzen. Das Almosenamt war, da die reichen Quellen seiner Zehnten- und Grundzins-Einkünfte zu fliessen aufgehört hatten, ausser Stand, die bisherigen Auslagen zu bestreiten, und da es sich überdiess ergab, dass dasjenige was die Stadtpfarrer bisanhin jährlich aus dem Almosenamt bezogen hatten, im Missverhältniss mit ihren Bedürfnissen und mit den grossen Zuschüssen stand, welche sonntäglich aus den Stadtkirchen in das Amt flossen, dass ferner jede Landgemeinde ein ihr eigenthümliches Kirchen- und Säckligut besass und selbst verwaltete; da überhaupt ein ganz neues Verhältniss zwischen Stadt und Land eingetreten war, so wurde im Laufe des Jahres 1798 nach Prüfung und Vorschlag der Stadtstillstände die Einrichtung getroffen und von der Regierung genehmigt, dass künftig das in den Stadtkirchen fallende sonn- und festtägliche Almosen zusammengelegt, unter Aufsicht des Stadtgemeindraths gestellt und je zu zwei Monaten unter die vier Stadtgemeinden, in deren jeder eine besondere Armenpflege eingerichtet wurde, nach Maassgabe ihrer Seelenzahl vertheilt werden solle. Von diesem Zeitpunkte an gewann das Stadtarmenwesen eine ganz neue Gestalt. Jede Gemeindspflege übernahm die Besorgung ihrer Armen. Die St. Petrinische Kirchgemeinde hatte eine für die Stadt und die Ausgemeinden gemeinsame Armenpflege. Von Seite des Almosenamtes flossen noch immer, jedoch geringere Unterstützungen für die Landgemeinden auf die besondere Empfehlung ihrer Seelsorger hin.

Die Gesetzgebung der Dreissigerjahre brachte eine neue Organisation des Armenwesens im ganzen Kanton. Mit dem 1. Jenner 1835 wurde das Almosenamt und die Almosenpflege aufgehoben und die Verrichtungen der letztern einer neuen Behörde, der Kantonal-Armenpflege, die Besorgung des Kantonal-Armenfonds aber der Verwaltung des Stiftsgutes übertragen. Die Unterstützung hülfloser Armer liegt von nun an der Kirchgemeinde ob, in welcher der Betreffende heimatberechtigt ist. Das Gemeindsarmengut haftet für diese Bedürfnisse in erster Linie und der Staat leistet bloss Beiträge aus dem Kantonal-Armenfond. Diese Grundsätze fanden dann auch in dem Gesetz betreffend die Unterstützung der Armen vom 9. Hornung 1836 (N. O. S. IV. S. 178 [44]) ihre gesetzliche Sanktion. Zugleich sollte aber auch das Armenwesen der Stadt Zürich zentralisirt werden. Das Gesetz über die Erwerbung, die Wirkung und den Verlust des Bürgerrechtes vom 20. Herbstmonat 1833 schrieb nämlich vor:

§ 27. „Die Pflicht zur Besorgung des Armenwesens ruht von nun an auf der ganzen Kirch- oder Filialgemeinde und nicht mehr auf den einzelnen Bestandtheilen derselben. In Zürich ruht sie auf der ganzen Stadtgemeinde.

„Die Organisation des Armenwesens in Zürich wird die Gemeindsversammlung auf Antrag ihrer Behörden unter Genehmigung des Regierungsrathes festsetzen.

„Wo in Zürich ein Stadttheil mit einer Filial- oder Katechetengemeinde noch ein gemeinsames Armengut besitzt, da ist dasselbe nach der Seelenzahl auszuscheiden."

Behufs Vollziehung dieser Bestimmung ordnete der Gesammtstillstand St. Peter unterm 24. Oktober 1833 zunächst eine genaue Zählung der Seelenzahl der an- und abwesenden Gemeindsbürger an.

Besondere Schwierigkeit machte die Ermittlung der abwesenden Bürger in der Petrinischen Stadtgemeinde. Man konnte für diese Ermittlung zwei Wege einschlagen, erstens von der Zahl abwesender Bürger der ganzen Stadt einen nach dem Verhältniss der Anwesenden in den vier städtischen Kirchgemeinden zu bestimmenden Theil als die der Gemeinde St. Peter zukommende Zahl bezeichnen oder zweitens ein Register aller abwesenden, in der Kirche St. Peter getauften Stadtbürger nebst deren Nachkommen entwerfen und diese Zahl als diejenige der abwesenden Bürger der St. Petersgemeinde bezeichnen. Der Stillstand hielt den zweiten Weg als den allein richtigen und schlug denselben ein. Es ergab derselbe eine Zahl von 589 abwesenden Bürgern. Um aber den Ausgemeinden entgegenzukommen, wurde dann von dieser Zahl nur die Hälfte in Anrechnung gebracht, wie aus Folgendem erhellt: Im Auftrage des Stillstandes nahm der damalige Kirchenpfleger (Herr Usteri-Gessner) eine ge-

---

[44]) Das jetzt geltende Gesetz betreffend das Armenwesen vom 28. Brachmonat 1853 (N. O. S. IX. S. 260 ff.) hat diese Grundlage beibehalten.

naue Bestimmung des Standes des Armengutes auf 11. November 1833 vor. Es erzeigte sich, dass dasselbe auf diesen Tag 11,911 fl. betrage. Die betreffende Kommission berichtete nun, es seien folgende Vertheilungsarten mit Rücksicht auf die ausgemittelte Seelenzahl der verschiedenen Gemeinden in Vorschlag gekommen:

	Stadtgemeinde.	Ausgemeinden.
I. Nach der Seelenzahl der Bürger: Stadtgemeinde 2580 Seelen Ausgemeinden 1864 „	fl. 6921.	fl. 4990.
II. Die Seelenzahl der Stadtgemeinde um 300 vermindert wegen abwesender Bürger, also Stadtgemeinde 2280, Ausgemeinden 1864 Seelen	fl. 6559.	fl. 5352.
III. Zu $4/7$ und $3/7$ zwischen Stadtgemeinde und Ausgemeinden	fl. 6806.	fl. 5105.
IV. Zu $3/5$ und $2/5$ zwischen Stadtgemeinde und Ausgemeinden	fl. 7146.	fl. 4765.
	fl. 11,911. —	

Unter diesen Vertheilungsarten beschloss nun der Stillstand am 26. Februar 1834 einstimmig Nro. II. anzunehmen und der Gemeinde zu belieben, da die grosse Zahl abwesender Bürger (589) den Antheil der Stadt sehr vergrössern würde, die Ausgemeinden aber weit mehr Arme besässen als der Stadttheil.

Diesen Antrag genehmigte die Gesammtgemeinde am 16. März 1834 einmüthig und hierauf erfolgte auch die Genehmigung der Oberbehörden. Der Gemeinde wurde derselbe laut Stillstandsbeschluss vom 12. März 1834 in folgender Form vorgelegt:

	Seelenzahl.	Betreffniss.
Die Gemeinde Wiedikon	624	fl. 1793. 22 Sch.
„ „ Aussersihl	642	„ 1845. 16 „
„ „ Enge mit Leimbach	598	„ 1718. 30 „
	1864	„ 5357. 26 „
Petrinische Stadtgemeinde	2280	„ 6558. 14 „
Summa	4144	fl. 11916. — Sch.

Auf den 1. September 1834 erfolgte die wirkliche Theilung des Armenguts auf diese Grundlage, und da mittlerweile

das Armengut angewachsen war auf fl. 12,483. 10 Schill.
3 Hlr.,

so erhielten nun

Wiedikon . . .	fl.	1879.	28 Schill.	—	Hlr.
Aussersihl . . .	„	1933.	38 „	—	„
Enge mit Leimbach	„	1801.	16 „	—	„
die Stadtgemeinde .	„	6868.	8 „	3	„
	fl.	12483.	10 Schill.	3	Hlr.

In Folge der Centralisation des Armenwesens in der Stadt Zürich musste aber auch noch in Bezug auf das Kirchenalmosen (Säckligeld) eine Verständigung mit den Ausgemeinden getroffen werden. Nach manchen Berathungen und in Berücksichtigung, dass es sich hier nicht um ein schon vorhandenes Gut, sondern um Beiträge handle, die vom guten Willen der Kirchenbesucher abhängig seien und bei deren Verwendung auch die Absicht der Geber in's Auge zu fassen sei, gelangte man dahin, nach einem gewissen Verhältniss der Billigkeit zu verfahren.

Am 3. Oktober 1834 beschloss der Stillstand einmüthig der Gemeinde zu belieben: Von dem alle zwei Monate vom Stadthaus an die Gemeinde St. Peter abzugebenden Antheil an dem in den Stadtkirchen aufgehobenen Säckligeld sollen $3/5$ der Petrinischen Stadtgemeinde, $2/5$ den Ausgemeinden zukommen, welche letzteren unter sich nach der Bevölkerungszahl theilen werden. Am 14. Oktober genehmigte die städtische Armenbehörde (zur Zeit noch der Stadtrath) diesen Beschluss und am 16. November 1834 genehmigte die Gesammtkirchgemeinde denselben ebenfalls.

In den gleichen Jahren 1833 und 1834 fand auch die Ausscheidung der Schulgüter statt. Es ist hier nicht nothwendig, weder auf den frühern Zustand der Schulen im Kanton Zürich einzutreten, noch das grosse Verdienst derjenigen Männer hervorzuheben, welche bei der Bewegung von 1830 ihr Hauptaugenmerk auf Umgestaltung des Unterrichtswesens richteten. In der St. Peters-Kirchgemeinde zu Stadt und Land war dieser Zweig des öffentlichen Lebens keineswegs vernachlässigt worden und wir verweisen in dieser Beziehung auf früher Gesagtes zurück.

Das Gesetz über das Unterrichtswesen vom 22. Herbstmonat 1832 schrieb vor:

§ 69. Zur Bestreitung der nach Art. 38 geforderten fixen Geldbesoldung der Lehrer sind in Anspruch zu nehmen die Schulgefälle, welche bisher die Schulen als fixen jährlichen Beitrag aus den Kirchen-, Kapellen-, Armen-, Gemeinds- und andern Gütern, sowie aus Staatsämtern bezogen haben.

§ 78. Der Schulfond wird gebildet: 1. aus den bereits vorhandenen der Schulgenossenschaft zuständigen Stiftungen und Schulgütern; 2. aus der kapitalisirten fixen Ausgabe der Kirchen-, Kapellen- und Armengüter für die betreffenden Schulen. Die Ausscheidung wird durch den Stillstand und die Schulpflege unter Genehmigung des Bezirksraths bewerkstelligt.

In Folge dieser Bestimmung schritt unser Stillstand zur Kapitalisirung des bisanhin für die Schulen der fünf verschiedenen Separatgemeinden aus den Kirchenfonds (besonders aus dem Neustiftfond) verabreichten fixen Beiträge und vereinigte sich nach monatelangen Verhandlungen am 12. März 1834 einmüthig zu folgendem Antrag an die Gesammtgemeinde:

Es sollen erhalten für ihre Schulfonds:

a.) Die Ausgemeinden Wiedikon . . . . . fl 1825. —
Enge . . . . . . „ 1650. —
Aussersihl . . . . „ 1800. —
{Leimbach . . . . „ 2110. —}
{und für Schulhausbaute „ 200. —}
Summa fl. 7585. —

b.) Die Stadtgemeinde: eine gleiche Summe wie die Ausgemeinden insgesammt, welche ihr folgender Maassen angewiesen werden soll:

Das Schulhaus in Gassen nach seinem
Inventarwerth . . . . fl. 4000. —
an Baar . . . . „ 3585. —
Summa fl. 7585. —

Die Gesammtkirchgemeinde nahm am 16. März 1834 diesen Antrag einstimmig an und der Bezirksrath genehmigte denselben im Juli gleichen Jahres.

Aus den diessfälligen Verhandlungen wollen wir noch Folgendes mittheilen:

Für die Stadtgemeinde hatte der Kirchenfond bisanhin

die Schullokalität in Gassen, ein um 4000 fl angekauftes Haus, und statt des zweiten nöthigen Schulhauses einen jährlichen Miethzins von 260 fl. geliefert und bestritten. Letzterer Betrag kapitalisirt, hätte 6500 fl. betragen, so dass unfänglich die städtischen Mitglieder des Stillstandes („obschon mit 6500 fl. kein Haus zu kaufen sei") eine Ausrichtung von 4000 fl. + 6500 fl. = 10,500 fl. als dem städtischen Schulfonde zugut kommend verlangten. Auf die Bemerkung des Herrn Gemeindspräsidenten Ullmer von Enge, dass er die Billigkeit und Rechtlichkeit dieses Anspruches nicht bestreite, die Ausgemeinden aber an einer so grossen Summe Anstoss nehmen werden, erklärten sich die städtischen Mitglieder dem Frieden zulieb bereit, die Summe für die Stadt auf 7585 fl. (wie diejenige für die Ausgemeinden) herabzusetzen, behielten sich aber das Recht vor, auf den frühern Antrag zurückzukommen, falls die Gemeinde nicht annähme.

Bei der wirklichen Ausrichtung der oben erwähnten Summen fielen dann noch einige Marchzinse in allseitige Anrechnung. Durch diese Auszahlungen wurde der Neustiftsfond gänzlich aufgelöst.

Drittes Kapitel.

Der Loskauf der Natural- und Geldleistungen des Spitalamtes an die St. Peters-Gemeinde im Jahr 1834.

Die Besoldungen der Herren Geistlichen und der Bediensteten der St. Peterskirche beruhten bis nach Erlass des Gesetzes über die Besoldung der Geistlichkeit vom 29. Herbstmonat 1832 (N. O. S. II. S. 378 ff.) auf altem Herkommen[45]) und setzten sich aus verschiedenen Theilen zusammen, näm-

---

[45]) Bis zum Erlass dieses Gesetzes war überhaupt jede Pfründe im Kanton nach Massgabe der ursprünglichen Stiftung besonders dotirt gewesen. Als dann im Jahr 1834 alle Staatsdomänen veräussert wurden, geschah diess auch mit den Pfrundgütern. Damit hörte alles Einkommen an Naturalien auf; zugleich wurde die ungleiche Dotation der Pfarrstellen aufgehoben und der Staat setzte eine fixe Besoldung fest nach einer Altersscala. Vergl. Finsler, Kirchliche Statistik der reformirten Schweiz. L 71.

lich einer Summe aus dem Ertrag besonders dafür bestimmter Pfrundgüter (worunter Grundstücke, Reben u. s. f.), anderseits aus Leistungen („Competenzen"), welche theils der Spital, theils der Staat meist in Naturalien und nur theilweise in Geld an jene Besoldungen zu liefern hatten.

Diese Pfrundgüter waren keineswegs mit dem allgemeinen „Kirchengute" verschmolzen, sondern bestanden für sich. Doch war bereits die Einrichtung getroffen, dass diese Pfrundgüter von dem Kirchenpfleger verwaltet wurden, Kapitalien derselben in der Reihe der übrigen Kapitalien des Kirchengutes aufgeführt und nur Anfangs und am Schluss jeder Rechnung als „Passiven" des Kirchengutes bezeichnet wurden; dass auch die Einkünfte an Grundzinsen und aus Grundstücken in der Rechnung des Kirchengutes als „Einnahmen" erschienen, dagegen diese aber auch den Theil der Besoldung der Herren Geistlichen und der Bediensteten, der nicht vom Spital oder vom Staate bestritten wurde, als „Ausgabe" aufnahm.

Die Rechnungen von 1830 bis 1833 zeigen in dieser Hinsicht folgende Resultate (abgesehen von Gratifikationen für besondere Dienstleistungen):

	Einnahme an besondern Einkünften der Pfründe.			Ausgabe. Besoldung.		
	fl.	ß.	h.	fl.	ß.	h.
I. Für den Pfarrer:						
Rechnung vom						
1. Mai 1830 bis 30. April 1831	19	1	9	62	26	9
1831 „ 1832	22	9	9	67	16	10
1832 „ 1833	19	1	9	62	26	9
1833 „ 31. Dez. 1833	15	33	9	57	2	9
II. Für den Diakon:						
1. Mai 1830 bis 30. April 1831	27	7	4	75	27	—
nebst Mütt	16	2	2			
1831 „ 1832	26	31	4	85	—	6
nebst Mütt	16	—	2			
1832 „ 1833	13	11	4	75	27	—
nebst Mütt	17	—	2			
1833 „ 31. Dec. 1833	7	17	4	66	13	10
nebst Mütt	9	1	2			
III. Für den Sigrist:						
1. Mai 1830 bis 30. April 1831	15	14	6	89	2	6
1831 „ 1832	18	8	6	106	26	6
1832 „ 1833	15	21	6	89	2	6
1833 „ 31. Dez. 1833	6	2	—	71	18	6

Die „Passiven" aber, die auf der Kirchengutsrechnung erscheinen, betragen:

	Dem Pfarrpfrund-fond.			Dem Diakonats-pfrundfond.			Dem Sigristenfond.		
	fl.	ß.	h.	fl.	ß.	h.	fl.	ß.	h.
am 30. April 1831	592	26	9	1792	30	—	1555	—	—
am 30. April 1832	592	26	9	1942	30	—	1555	—	—
am 30. April 1833	592	26	9	1942	30	—	1555	—	—
am 31. Dezember 1833	592	26	9	2442	30	—	1555	—	—

wobei die Vermehrung beim Diakonatspfrundfond von
Abzahlungen herrührt, die für diesen Fond gemacht wurden,
und am 31. Dezember 1833 auch ein neues Passivum gleicher Art, von Abzahlung herrührend, für die Katecheten-
pfrund in Leimbach mit 250 fl. auf der Rechnung erscheint.

Eine ganz neue Gestalt nahmen indessen die Verhält-
nisse an, als im Jahr 1834 der Staat (Finanzrath) und die
Spitalpflege ihre jährlichen Leistungen an die Besoldungen
der Geistlichen, des Sigrists und des Todtengräbers bei
St. Peter loszukaufen begehrten und die Gemeinde diesen
Loskauf bewilligen musste. Bisher hatten nämlich geleistet:
An die Besoldung des Pfarrers:
  Der Staat:
    50 Mütt Kernen, 40 Mütt Hafer, 28 Eimer Wein und
      120 Pfund an Geld.
  Die Spitalpflege:
    20 Mütt Kernen, 4 Malter Hafer und 47 Pfd. 8 Schill.
      an Geld.
An die Besoldung des Diakons:
  Der Staat:
    8 Mütt Kernen, 16 Eimer Wein und 5 Pfd. an Geld.
  Die Spitalpflege:
    20 Mütt Kernen, 4 Malter Hafer und 47 Pfd. 18 Schill.
      an Geld.
An die Besoldung des Sigrists:
  Die Spitalpflege:
    22 Mütt Kernen, 6 Malter Hafer und 40 Pfd. an Geld.
An die Besoldung des Todtengräbers:
  Die Spitalpflege:
    18 Mütt Kernen, 2 Malter Hafer und 36 Pfd. an Geld.

Staat und Spitalpflege wollten diese Competenzen loskaufen; über den hierbei anzuwendenden Maassstab waltete jedoch Verschiedenheit der Ansichten. Der Grundsatz, dass die Geldkompetenzen im 25fachen Betrage kapitalisirt loszukaufen seien, wurde zwar beiderseits anerkannt, aber über die Werthung der Naturalien war man nicht gleicher Meinung. Der Stillstand taxirte den Mütt Kernen à 9 Frkn. 8 Btz. a. W., den Mütt Hafer à 3 Frkn. 8 Btz., den Eimer Wein à 12 Frkn. 8 Btz und verlangte daher am 28. April 1834:

Für die Competenzen des Pfarrers:
Vom Staate: Frkn. 27,290. — a. W.
Vom Spital: „ 7,080. —
Frkn 34,370. —

Für die Competenzen des Diakons:
Vom Staate: Frkn. 7180. —
Vom Spital: „ 7090. —
Frkn. 14,270. —

Für die Competenzen des Sigrists:
Vom Spital: Frkn. 8,038. -

Für die Competenzen des Todtengräbers:
Vom Spital: Frkn. 5,746. —
Summa Frkn. 62,424. —

Staat und Spitalpflege wollten aber den Mütt Kernen nur zu 8 Frkn., den Mütt Hafer nur zu 2½ (Malter à 10 Frkn.), den Eimer Wein nur zu 8 Frkn. taxirt wissen und anerboten daher am 28. Juli 1834 nur folgenden Loskauf:

Für die Besoldung des Pfarrers:
Der Staat: Frkn. 20,500. — a. W.
Der Spital: „ 5,948. —
Frkn. 26,448. —

Für die Besoldung des Diakons:
Der Staat: Frkn. 4900. —
Der Spital: „ 5958. —
Frkn. 10,858. —

Für die Besoldung des Sigrists:
Der Spital: Frkn. 6,700. —

Für die Besoldung des Todtengräbers:
Der Spital: Frkn. 4,820. —
Summa Frkn. 48,826. —

und ungeachtet aller Vorstellungen blieben Staat und Spital bei diesen Ansätzen stehen, so dass der Stillstand am Ende diese Vorschläge vor die Gemeinde mit dem Antrage bringen musste, dieselben anzunehmen. Die Gemeinde erklärte sich am 5. April 1835 (nachträglich) mit denselben einverstanden, nachdem bereits die Rechnung von 1834 diese Loskaufsummen aufgenommen hatte. Mithin erhielt die Gemeinde wirklich folgende Auskäufe von Staat und Spital zusammen:

	Alte Franken =	Gulden	Schill.
Für Besoldung des Pfarrers . . .	26,448	16,530.	—
„ „ „ Diakons . . .	10,858	6,786.	10
„ „ „ Sigristen . . .	6,700	4,187.	20
„ „ „ Todtengräbers	4,820	3,012.	20
Summa	48,826	30,516.	10

Die Rechnung des Kirchengutes vom 1. Januar bis 31. Dezember 1834 (man hatte nun das Rechnungsjahr vom 1. Januar bis 31. Dezember eingeführt) zeigt daher am Anfang folgende Posten:

	Einkünfte der besondern Pfründe.			Besoldung.		
	fl.	ß.	hl.	fl.	ß.	hl.
Für den Pfarrer	16	33	9	58	32	9
„ „ Diakon	12	31	4	90	17	10
nebst Mütt	6	2	—			
„ „ Sigristen	15	21	6	76	38	6

dagegen am Schlusse der Rechnung folgenden im Laufe des Jahres durch obigen Loskauf und einige kleinere Loskäufe, Anleihen und Abzahlungen veränderten Bestand in Activen und Passiven:

	1. Januar.			1834. 31. Decbr.		
	fl.	ß.	h.	fl.	ß.	h.
Alte Restanz . . .	72,295	15	4	88,456	9	2
Darauf haften an Passiven:						
Dem Pfarrpfrundfond . . .	592	26	9	17,135	6	9
„ Diakonatspfrundfond . .	2,442	30	—	9,253	—	—
„ Katechetengut Leimbach .	250	—	—	250	—	—
„ Sigristengut	1,550	—	—	5,806	28	—
„ Todtengräbergut . . .	—	—	—	3,012	20	—
Der l. Zinskommission in Zürich	6,000	—	—			
Summa der Passiven	10,840	16	9	35,457	14	9
Nach Abzug dieser Passiven bleibt das Vermögen des Kirchengutes	61,454	30	7	52,998	34	5
Summa wie oben	72,295	15	4	88,456	9	2

Weil die Loskäufe vom Staat und Spital nicht in das allgemeine Kirchengut, sondern den besondern Pfrundgütern zufielen (in die Passiven kamen) erklärt sich die Erscheinung, dass das **Vermögen des Kirchengutes**
am 31. Dezember 1834 beträgt   fl. 52,998. 34. 5.
                      d. h. um   fl.   8,456. 4. 2.
geringer ist als der Betrag
   desselben am 1. Januar   fl. 61,454. 38. 7.

Wird von diesem Rückschlage von .. fl. 8456. 4. 2.
abgezogen die Ausgabe der im Jahr 1834
noch aushinbezahlten Schulfondsgelder   fl. 8922. 20. —.
so ergiebt sich auf der Jahresrechnung des
Kirchengutes allein ein Vorschlag von Frkn. 466. 15. 10.

Die durch den Loskauf der Staats- und Spitalkompetenzen erfolgte wichtige Veränderung zog jedoch nun auch sofort eine solche im **Rechnungswesen** (Rechnungsform) der Gemeinde nach sich.

Nach dem neuen Gesetze hatte die Gemeinde an die Herren Geistlichen gesetzliche und das frühere Maass übersteigende Besoldungen zu entrichten; dazu reichte nun was früher aus den Pfrundgütern verabfolgt und jetzt aus dem Loskaufskapitale der Competenzen geleistet werden konnte, nicht hin; daher beschloss die Gesammtgemeinde auf den Antrag des Stillstandes am 5. April 1835 Folgendes:

a.) Alle **obsolet gewordenen Titel** in der Rechnung, als da sind: unter den **Einnahmen** die Titel: Einkünfte des Pfarrpfrundfondes, des Diakonatspfrundfondes, des Sigristengutes; unter den **Ausgaben**: die zum Theil fixen, zum Theil zufälligen Besoldungen, sollen künftig wegfallen. Letztere gehören in Zukunft unter den schon bestehenden Titel: **Fixe Besoldungen**.

b.) Da nun aber diese Besoldungen künftig ohne Weiteres auf dem Kirchengut lasten, so sollen auch die einzelnen bisherigen unter dem Titel **Pfrundgüter** separat gehaltenen **Passiva** nicht mehr als solche in der Rechnung aufgeführt, sondern mit dem allgemeinen Kirchengute verschmolzen werden. In ebendasselbe soll:

c.) auch der kapitalisirte Betrag der bisher unter den Einnahmen aufgeführten Einkünfte der Pfrundgüter, und ferner *d.)* der Werth der noch vorhandenen, an verschiedenen Orten liegenden zirka 4 Juchart Reben (in Höngg, Küssnacht, Rüschikon und im Schmelzberg) fallen, die der Pfarr- und der Diakonatspfründe gehören und die verkauft werden sollen, sobald die Pachtverträge ausgelaufen sind.

(Durch diese Veränderungen alle werde der Kapitalbetrag des Kirchengutes auf zirka 88,000 Gulden ansteigen.) Diese Beschlüsse *a. b. c.* fanden im Laufe des Jahres 1835 ihre Durchführung, theilweise wenigstens, und später (d. h. bis 1842) allmälig auch *d.* Und so findet sich denn in der Rechnung von 1835 folgendes Ergebniss:

	1835.					
	Januar 1.			Dezember 31.		
	fl.	ß.	h.	fl.	ß.	h.
An alter Restanz	88,456	9	2	—	—	—
Auf diesem Vermögen haften an Passiven (s. oben 31. Dez. 1834) die Pfrundkapitalien	35,457	14	9	—	—	—
Vermögen des Kirchengutes	52,998	34	5	83,798	19	—

wobei der Betrag vom 31. Dezember 1835 sogar auf fl. 91,258. 19 ß. angestiegen wäre, wenn man nicht von demselben in der Rechnung dieses Jahres als Nicht-Valoren abgeschrieben hätte:

Für Reduktion des Werthes der
Wiener-Obligationen . . . fl. 4460. —
Abschreibung der nicht mehr zu
verpachtenden ¾ des Kirchhofes bei St. Jakob . . . fl. 3000. —

fl. 7,460. — ß.   fl. 7460. —

Bleiben fl. 83,798. 19 ß.

Viertes Kapitel.

Die Anbahnung neuer Verhältnisse in den Ausgemeinden in der Periode von 1830 bis 1860.

Nach Ausscheidung des Armen- und Schulgutes und nach Ablösung der, wie wir in der historischen Einleitung gezeigt haben, aus dem Patronatsrecht des Spitals als Rechtsnachfolger der früheren Kirchenherren herstammenden Geld- und Naturalleistungen des Staates besitzt die St. Petrinische Kirchgemeinde bis auf heute ein nicht unbeträchtliches Vermögen, welches sowohl Pfrundgut als Kirchengut im eigentlichen Sinne des Wortes in sich begreift. Für dieses Kirchengut entstund nun in Folge der Gesetzgebung der Dreisigerjahre eine neue Einnahmsquelle zu Stadt und Land durch die sog. Braut- und Bechergelder sowie durch die Niederlassungsgebühren der Ansässen.

Das Gesetz über die Erwerbung, die Wirkung und den Verlust des Bürgerrechts vom 20. Herbstmonat 1833 (N. O. S. III. S. 159 u. ff.) bestimmt, dass jeder Einkäufer, d. h. jeder, der das Bürgerrecht in einer Gemeinde neu erwerben will, verpflichtet ist, einen Einzug [46]) zu bezahlen in das Armen-, das Schul-, das Kirchen- und das Gemeindgut der Bürgergemeinde, nach Inhalt des Einzugsbriefes (§ 13).

Je nach dem nutzbaren Bestand der öffentlichen Güter und anderer mit dem Bürgerrecht verbundener Vortheile ist der einfache Einzug in das Kirchengut 16—32 Frkn. a. W. (§ 16). Eine Kantonsbürgerin, die sich mit einem Kantonsbürger aus einer andern Gemeinde verheiratet, hat das sogenannte Braut- und Bechergeld zu bezahlen, d. h. ebenfalls eine Einzugsgebühr, welche auf jene vier Güter vom Gemeindrath vertheilt wird. Die Einkaufssumme ist zum Stammgut zu schlagen und darf für die laufenden Ausgaben nicht verwendet werden (§ 17). Endlich führte ein Gesetz vom gleichen Tage in Betreff des Aufenthaltes von Personen in einer Gemeinde, wo sie nicht Bürger sind (N. O. S. III. S. 174 ff.) die sogenannten Niederlassungsgebühren (Ansässengelder) ein, d. h. eine gewisse Entschädigung, ein billiges Aequivalent für die Erleichterung, die ihnen dadurch zu Theil wird, dass die Lasten der Gemeinde, in welcher sie ihren Wohnsitz nehmen ohne Bürger zu sein, ganz oder zum Theil aus den Gütern der Bürgerschaft bestritten werden.

---

[46]) Von den Einzugsgebühren der Neubürger musste schon vorher eine gewisse Quote in das Kirchengut entrichtet werden und zwar in unsern Ausgemeinden diese zu einem gewissen Theil in das St. Petrinische Kirchengut, zum andern je in den betreffenden Bethausfond.

Diese Gebühr vertheilt sich auf das Kirchen-, Schul- und Gemeindegut, soll aber in das Kirchengut nicht mehr als vier alte Batzen betragen.

Mit Schreiben vom 27. August 1835 wendete sich der Stillstand St. Peter an den löbl. Stadtrath mit der Bitte, ihm von nun an regelmässig das Betreffniss dieser Gebühren an das Petrinische Kirchgut abliefern zu wollen; diesem Begehren wurde dann auch entsprochen und zwar schon für das Jahr 1834. Nach reiflicher Prüfung der Sache durch eine eigene Kommission wurde vom Stadtrathe beschlossen, es sollen künftig von diesen Einzugs- und Niederlassungsgebühren, soweit sie dem Kirchengut der Stadt Zürich zufallen würden, je am Ende des Jahres durch den Stadtseckelmeister $^2/_7$ an das Kirchenpflegamt St. Peter abgeliefert werden; die übrigen $^5/_7$ fallen dagegen an das neu gegründete gemeinschaftliche, unter städtischer Verwaltung befindliche Kirchengut der drei Gemeinden Fraumünster, Grossmünster und Predigern (an welchem die Petersgemeinde um ihrer eigenthümlichen Verhältnisse willen keinen Antheil hat). Es ist merkwürdig, dass bei den diesfälligen Verhandlungen zum ersten Mal auf eine Ausscheidung des St. Petrinischen Stadttheils von den Ausgemeinden Bedacht genommen wird; denn es heisst in dem betreffenden stadträthlichen Schreiben vom 30. April 1836 ausdrücklich, „der Antheil des Kirchengutes St. Peter an den gesetzlichen Einnahmen des allgemeinen Kirchengutes der Stadt Zürich ist auf $^2/_7$ bestimmt, in der Meinung und mit dem doppelten Vorbehalt, wenn früher oder später sich das Bevölkerungsverhältniss der städtischen Gemeinde St. Peter gegenüber demjenigen der übrigen drei Kirchgemeinden mit Sicherheit ausgemittelt finden und sich dannzumal oder sonst zeigen würde, es sei das einstweilen angenommene Verhältniss unrichtig, diejenigen Abänderungen in selbigem eintreten zu lassen, welche die Umstände erheischen würden und dass, wenn in kürzerer oder längerer Zeit auch über das Kirchengut der St. Petersgemeinde zwischen der städtischen und den Ausgemeinden eine Ausscheidung stattgefunden habe, die städtische Kirchgemeinde St. Peter sich mit dem Kirchengut unter Bestimmungen, die den dannzumaligen Verhältnissen angemessen seien, an den Kirchenfond der drei andern Gemeinden anschliessen könne, so dass dann nur Ein gemeinsames Kirchengut für die sämmtlichen hiesigen vier Kirchgemeinden gebildet würde."

Wie aus dem Stadttheil, so fallen von dem bezeichneten Jahre an auch die Einzugs- und Niederlassungsgebühren aus den Gemeinden Wiedikon, Enge und Aussersihl in das St. Petrinische Gesammtkirchengut und bilden einen nicht unbeträchtlich steigenden Einnahmeposten. Die Rechnung vom Jahr 1835 zeigt 635 fl. 2 Schill. Summe der Braut- und Bechergelder, sowie der Niederlassungsgebühren aus Stadt und Ausgemeinden für die Jahre 1834 und 1835.

Die Rechnung von 1840 zeigt eine Gesammt-Einnahme von 111 fl. 23 Schill. 1 Hlr. an Einzugsgebühren, Braut- und Bechergeldern und 488 fl. 29 Schill. 2 Hlr. an Niederlassungsgebühren pro 1839.

Die Rechnung von 1850 zeigt:
Einnahme von Einzugsgeldern . . fl. 28. 22 Schill. 10 Hlr.
 Braut- und Bechergeldern „ 36. 25 „ 2 „
 Niederlassungsgebühren . „ 525. 24 „ 3 „

Das Verhältniss dieser Ausgemeinden zu dem gemeinschaftlichen St. Petrinischen Kirchengut gestaltete sich folgendermassen: Seit dem Jahre 1846 leistete das letztere regelmässige Beiträge an die besondern kirchlichen Bedürfnisse der Ausgemeinden. Es beruht diess auf einem Stillstandsbeschluss vom 15. April jenes Jahres, welcher veranlasst wurde einerseits durch die steigenden kirchlichen Separatbedürfnisse der Ausgemeinden — es war namentlich gerechtfertigt, den Katecheten eine höhere, den Zeitverhältnissen und ihrer jetzigen Stellung angemessenere Gratifikation aus dem Kirchengut zu verabreichen — anderseits durch den Umstand, dass Enge und theilweise auch Wiedikon sich erlaubt hatten, den Betrag ihrer Niederlassungsgebühren sowie der Braut- und Bechergelder nicht voll und ganz an das Kirchengut St. Peter abzuliefern, sondern einen Theil davon für ihre Bethausfonds zurückzubehalten. Dieses eigenmächtige Verfahren, welches sich auf kein Gesetz und keine Verfügung einer Administrativbehörde stützen konnte, hatte zu unliebsamen Erörterungen im Schoosse der Kirchenpflege geführt. Aussersihl hatte den Uebelstand aufgedeckt und gerügt, bemerkend, dass ihm ein gleiches Recht auch zustände, wenn ein solches überhaupt existirte. Auf eine Rückerstattung des von Enge und Wiedikon zurückbehaltenen Gebührenantheils musste man um des lieben Friedens willen verzichten; dagegen wurde der erwähnte Beschluss von nun an genau vollzogen und es bestätigte auch der h. Regierungsrath durch Entscheid vom 28. Februar 1850 die Auffassung der Kirchenpflege, wonach keine Abzüge für die Bethausfonds gemacht werden dürfen.

Der betreffende Beschluss des Stillstandes vom 15. April 1846 lautet in seinen Motiven und Dispositiven folgendermassen:

Der Stillstand St. Peter

hat,

zunächst veranlasst durch den seit Jahren besonders von Enge mit Leimbach, theilweise auch von Wiedikon gemachten Abzug an den gesetzlichen Gebühren für das Kirchengut behufs theilweiser Bestreitung der dortigen kirchlichen Ausgaben, sowie der in neuester Zeit eingetretenen Pastoralsorge in den Ausgemeinden und in der Absicht, auf gerechte Weise abzuhelfen: —

in Betrachtung:

1. Dass durch das Gesetz vom 24. September 1844 betreffend die Verhältnisse der Katecheten ein wesentlicher Theil der Pastoralfunktionen den Katecheten und den Separatstillständen der Petrinischen Ausgemeinden überbunden worden, in Folge dessen für die betreffenden Gemeinden Ausgaben entstanden sind und noch entstehen können;

2. dass nach dem Sinn und Zweck folgender Gesetze:

a.) betreffend die Stillstände vom 10. August 1832,
b.) betreffend die kirchlichen Verhältnisse der Stadt Zürich vom 27. März 1833,
c.) betreffend die Gemeindeausgaben und Gemeindesteuern vom 15. Dezember 1835,
d.) betreffend das Niederlassungswesen vom 10. April 1840, § 31 u. ff.,
e.) betreffend die Erwerbung des Bürgerrechtes vom 23. September 1842, § 13 u. ff.,

es keinem begründeten Zweifel unterliegen kann, dass nicht das Zentralkirchengut mit zur Bestreitung derjenigen Auslagen, welche die Besorgung der kirchlichen Funktionen theilweise, sowie der übrigen damit zusammenhängenden Bedürfnisse (mit Ausnahme jedoch der Unterhaltung der Bethäuser als solcher) erheischen, dienen soll; daher denn auch mit Hinsicht auf die

Zahl der Petrinischen Kirchgenossen in den drei Ausgemeinden unter sich, sowie der Wahrscheinlichkeit der Summe der von diesen alljährlich zu bestreitenden dessfälligen Ausgaben aus dem Zentralkirchengute nach dem als Gegensatz der Berechtigung des Petrinischen Stadttheils die Bedürfnisse der Parochialkirche ohne irgend einen Abbruch der bisanhin als zweckmässig gehaltenen Leistungen befriedigt sein werden und ohne dem Anwachsen des Kirchenfondes wesentlich Einhalt zu thun, an die Separatstillstände ein jährlicher Beitrag behufs Bestreitung der für oben erwähnte Zwecke erlaufenden Ausgaben zu verabreichen ist;

3. dass im Fernern mit Hinsicht auf die bisanhin erprobte Zweckmässigkeit es als angemessen erscheint, den Katecheten zu der vom Staate festgesetzten und von diesem zu entrichtenden Besoldung noch eine jährliche Gehaltszulage aus dem Kirchengut zu verabreichen, welche Zulage, da sie lediglich einen persönlichen Zweck hat, gleichmässig zu vertheilen ist; dass indessen hiedurch weder die Rechte einzelner Bestandtheile der Kirchgemeinde, noch diejenigen des Zentralstillstandes resp. der Gesammtkirchgemeinde selbst beeinträchtigt werden, sondern ausdrücklich vorbehalten sein sollen;

4. dass, wenn aber auf die soeben erwähnte Weise verfahren wird, es sich von selbst versteht, dass eine vollständige und getreue Ablieferung der durch die Gesetze für das Zentralkirchengut als solchem bestimmten Beiträge und Gebühren und zwar ohne irgend welche Ausnahme ab Seite der betreffenden Gemeindeverwaltungen von nun an stattfinde;

5. dass endlich die Frage betreffend, ob die bisanhin gemachten Abzüge an den Beiträgen und Gebühren für das Kirchengut von Seite der betreffenden Gemeinden zurückzuerstatten seien, mit Bezug auf das bisanhin beobachtete Verfahren, sowie in der Absicht, mögliche Divergenzen zu verhüten, nunmehr zu verneinen ist,

beschlossen:

I. Seien die resp. Gemeindsverwaltungen der verschiedenen die Gesammtkirchgemeinde bildenden Bestandtheile, besonders aber Enge mit Leimbach, Wiedikon und Aussersihl, eingeladen, von nun an alle und jede Abzüge an den Einzugs- und Niederlassungsgebühren, sowie der Braut- und Bechergelder, welche nach den Gesetzen in das Kirchengut fallen müssen, zu Handen ihrer Bethausverwaltungen zu unterlassen, dagegen in allen Treuen die betreffenden Gelder an das Kirchenpflegamt unter Beilegung einer vollständigen, durch den Gemeindrath zu beglaubigenden Spezifikation einzuliefern, widrigenfalls der Zentralstillstand zu Verhütung von weitern Missbräuchen und einseitigen Verfügungen unnachsichtigen Gebrauch von seinen Rechten machen würde.

II. Sei bis auf Weiteres einem Katecheten der Ausgemeinden Enge sowie Leimbach, Wiedikon und Aussersihl alljährlich eine Gehaltszulage von fl. 50 (oder 80 Frkn. a. W.) aus dem Kirchengut zu verabreichen.

III. Sei hinwieder, bis eine durch die Zeitumstände und Verhältnisse gebotene Revision dieses Beschlusses nothwendig sein wird, durch das Kirchenpflegamt alljährlich, und zwar an den Terminen Mai- und Martinitag:
 a.) an Enge und Leimbach fl. 90. — (nämlich fl. 60 Enge, fl. 30 Leimbach)
 b.) an Wiedikon fl 75. —
 c.) an Aussersihl fl. 90. —
zu Handen dortiger Bethausverwaltungen zu behändigen, in der Meinung, dass über den betreffenden Betrag der örtliche Separatstillstand nach Vorschrift der kirchlichen, Reglements und im Sinne dieses Beschlusses verfüge.

IV. Habe mit Hinsicht auf Erwägung 5 die Sache auf sich zu beruhen, in der Meinung übrigens, dass allfällig bis Ende des abgewichenen Jahres entstandene kirchliche Auslagen der Ausgemeinden von diesen aus den gemachten Abzügen zu bestreiten seien.

V. Sei dieser Beschluss den sämmtlichen Gemeindräthen der Ausgemeinden, dem Kirchenpflegamt sowie den betreffenden Separatstillständen mitzutheilen, auch in Abschrift der diessjährigen Rechnung beizulegen.

So die ökonomischen Dinge. Was nun die eigentlich kirchlichen Verhältnisse anbetrifft, so wurde durch das Gesetz betreffend die Verhältnisse der Katecheten vom 24. Herbstmonat 1844 (N. O. S. VII. 121) die Stellung der Katecheten der 7 Gemeinden Enge, Leimbach, Wiedikon, Aussersihl, Oberstrass, Unterstrass und Fluntern bedeutend gehoben. Die Wahl durch die Gemeinde aus einem Dreiervorschlag des Kirchenrathes bleibt die gleiche wie nach dem früher erwähnten Gesetze über die kirchlichen Verhältnisse der Stadt Zürich; die Katecheten sind aber nicht mehr bloss mit dem kirchlichen Jugend- und Konfirmations-Unterricht betraut, sondern es liegt ihnen die gesammte Seelsorge in ihren Gemeinden ob und sie nehmen an der Besorgung des Armenwesens derselben Theil. Einzig die h. Sakramente dürfen sie in ihren Bethäusern nicht spenden und ebensowenig Ehen einsegnen. Dagegen helfen sie bei der Zudienung des h. Abendmahls in den betreffenden Hauptkirchen St. Peter und Predigern, weitere Verpflichtungen zur Aushülfe an den Hauptkirchen liegen ihnen dagegen nicht mehr ob. Dieses Gesetz gestattet auch einem Katecheten, unter Genehmigung des Kirchenrathes zwei solcher Stellen zu versehen. Diese Möglichkeit war indessen schon früher vorhanden gewesen. Längere Zeit hatte ein und derselbe Geistliche die beiden Katechetenstellen in Wiedikon und Leimbach besorgt und seit 1843 bis auf heute sind die geistlichen Funktionen in Enge und Leimbach in Einer Hand vereinigt. Nach § 5 erhalten die Katecheten in Zukunft, nebst den von den Gemeinden ihnen bisanhin bestimmten Beiträgen und Emolumenten, vom Staat einen jährlichen Beitrag von Frkn. 450 a. W. Insofern eine Vereinigung zweier Katechetenstellen stattfindet, wird der Gesammtbeitrag des Staates für die vereinigten Stellen auf Frkn. 900 erhöht.

Das Gesetz betreffend die Wahlen der Pfarrer, Helfer und Katecheten vom 2. April 1850 (N. O. S. VIII. S. 100 ff.) hob sodann für alle Gemeinden des Kantons und so auch für die Ausgemeinden der Stadt Zürich den Dreiervorschlag des Kirchenrathes auf, ertheilte also denselben die freie Wahl ihrer Geistlichen und ordnete das Verfahren durch Einführung der Wahlarten der Berufung und der Ausschreibung. Nach § 24 bleibt aber das freie Wahlrecht der St. Peterskirchgemeinde unverändert und ist sie an diese Wahlarten nicht gebunden.

Durch das Gesetz über die Verhältnisse der Katecheten vom Jahre 1844, auf welches wir noch einmal zurückkommen müssen, war die bisdahin bestandene gesetzliche Vereinigung der Pfarrstelle zu St. Jakob mit derjenigen eines Katecheten zu Aussersihl aufgehoben worden, mit andern Worten, Aussersihl hatte von da an wie die andern Ausgemeinden einen eigenen Katecheten, dem ausschliesslich die Seelsorge dieser Gemeinde obliegt. Es hängt diess zusammen theils mit der Verlegung der städtischen Pfrundanstalt in St. Jakob nach

St. Leonhard, theils mit der Errichtung eines neuen eigenen Bethauses in Aussersihl. Nach langen Verhandlungen zwischen den Stadtbehörden von Zürich und den Gemeindsbehörden von Aussersihl über die Ansprüche an die Kirche und den Gottesdienst zu St. Jakob ward durch einen Vergleich vom 22. Juni 1845 von der Gemeinde Aussersihl gegen Leistung einer Entschädigung von 1000 Frkn. a. W. auf ihre Ansprüche verzichtet. Die Erbauung des Bethauses aber hängt hinwiederum zusammen mit der Anlage des neuen schönen Friedhofes. Nachdem sich nämlich das Projekt eines für die ganze Stadt Zürich gemeinschaftlichen Kirchhofes im Selnau im Oktober 1841 bei der Abstimmung der einzelnen Kirchgemeinden über den diessfälligen Entwurf zerschlagen hatte, begann die St. Petersgemeinde Unterhandlungen mit Aussersihl über Errichtung eines Bet- und Abdankhauses auf dem Kirchhofe zu St. Jakob, der ehemals Steinbrüchel'schen Wiese, die im Jahre 1820 angekauft und deren vorderer Theil schon bisdahin als Begräbnissplatz benutzt worden war. Dieser Gedanke fand so sehr Anklang, dass die Kirchgemeinde St. Peter am 17. April 1842 den Stillstand beauftragte, ein Projekt zu entwerfen, wie der neue Kirchhof zu St. Jakob zum gemeinschaftlichen Begräbnissplatz für den Stadttheil und Aussersihl einzurichten und auf demselben ein Bet- und Abdankhaus zu erstellen sei. Die diessfälligen Anträge wurden von der Kirchgemeinde am 12. Februar 1843 angenommen, der Vertrag mit der Gemeinde Aussersihl genehmigt und die Ausführung der beschlossenen Baute einer Kommission von 9 Mitgliedern übertragen. Mitte Sommer dieses Jahres begannen die Arbeiten und im September 1844 waren nicht bloss das Bethaus, sondern auch die Einfassungsmauern des Kirchhofes vollendet. Sonntags den 6. Oktober fand die feierliche Einweihung statt. Im Verfolg beschloss der Stillstand, dass für den Stadttheil mit dem 30. Juni 1845 die Beerdigungen auf dem Kirchhof St. Anna aufhören und am 1. Juli diejenigen auf dem Kirchhof St. Jakob beginnen sollen. Am 6. Juli ward die erste städtische Leiche dort beigesetzt.

Was das Bethaus anbetrifft, so findet hier das eigenthümliche Verhältniss statt, dass bloss die Schaale des Gebäudes im Miteigenthum des Stadttheils und der Gemeinde Aussersihl steht. Dagegen hatte letztere die innere Ausstattung, die freilich jedes Schmuckes entbehrt, d. h. die Bestuhlung,

Kanzel, Empore, die Uhr und zwei Glocken im Thürmchen auf eigene Kosten übernommen und ist daher ausschliessliche Eigenthümerin dieser Theile. Die Baukosten für den Kirchhof und das Bethaus betrugen 10,765 fl. 28 Schill. 9 Hlr; diese wurden gedeckt durch einen Beitrag des Kirchengutes St. Peter von 5000 fl., durch einen Beitrag der Gemeinde Aussersihl von 2000 fl. (inclusive die Auslagen für die innere Ausstattung) und durch freiwillige Privatbeiträge aus dem St. Petrinischen Stadttheil von 5160 fl. 26 Schill. 3 Hlr.

Es ist in der That zu bedauern, dass die Erstellung eines oder zweier städtischer Friedhöfe damals nicht mit aller Energie durchgeführt wurde. In die ohnediess komplizirten Verhältnisse der St. Petrinischen Gesammtkirchgemeinde wurde durch jenes Abkommen mit Aussersihl eine neue Verquickung hineingebracht. Auch ist trotz zweimaliger Vergrösserung jenes Friedhofes derselbe bald wieder zu klein und könnte auf die Dauer unmöglich für die stets anwachsende Bevölkerung dieser zwei Gemeinden genügen. Sonntags den 15. August 1852 wurde der erweiterte Kirchhof eingeweiht und acht Tage darauf das erste Grab dem langjährigen treuen Seelsorger der Gemeinde, Herrn Karl Wilhelm Fäsi[47]) (Diakon von 1830—1848, Pfarrer von da bis zu seinem Tode), geöffnet.

Durch die Gesetzgebung der Dreissigerjahre, wie wir sie kennen gelernt haben, war der erste Schritt gethan worden, um die St. Petrinischen Ausgemeinden zu selbstständigen Kirchgemeinden heranzubilden. Diese naturgemässe Fortentwicklung wurde noch dadurch wesentlich begünstigt, dass die betreffenden Ausgemeinden, abgesehen von Leimbach, jede für sich eine eigene politische Gemeinde bilden. Sie hatten die freie Wahl ihrer Seelsorger ohne irgend welche Beschränkung oder Mitwirkung von Seite der Muttergemeinde; sie hatten alle ihre eigenen Bethäuser und ihre zur Unterhaltung derselben bestimmten Bethausgüter.

Von grosser Bedeutung ist auch das durch die Nähe der Stadt begünstigte steigende Wachsthum der Bevölkerung.

---

[47]) Ueber das Leben und Wirken dieses ausgezeichneten Mannes, meines unvergesslichen Religionslehrers, vergl. Neujahrsblatt des Waisenhauses in Zürich für 1857.

Die diessfälligen Verhältnisse ergeben sich aus folgender Tabelle:

Zahl der Einwohner.

	1800.	1836.	1850.	1860.
Aussersihl	702	1448	1881	2608
Wiedikon	629	1341	1409	2122
Enge	660	1482	2109	2470
Leimbach	101	175	168	213
Summa	2092	4446	5567	7413

Die Seelenzahl hat sich also in sämmtlichen Ausgemeinden (das mehr abgelegene Leimbach ausgenommen) seit Anfang dieses Jahrhunderts geradezu verdreifacht.

Diese Zunahme der Bevölkerung hatte zur Folge, dass schon im Jahr 1857 die Beiträge für die Ausgemeinden von fl. 255 auf fl 300 oder Frkn. 700 n. W. erhöht wurden. Hievon erhielten:

Wiedikon	Frkn.	200.
Enge	„	200.
Leimbach	„	80.
Aussersihl	„	220.

Dabei blieb es bis zum Erlass des neuen Kirchengesetzes.

Vierter Abschnitt.

Das Kirchengesetz vom 22. August 1861 und dessen Folgen für die St. Petersgemeinde.

Erstes Kapitel.

Der Rekurs der Stadtabtheilung St. Peter gegen den Mehrheitsbeschluss der Gesammt-Kirchgemeinde vom 3. Mai 1863 betreffend die unbedingte Haft des gemeinsamen Kirchengutes auch für die kirchlichen Separatbedürfnisse der Ausgemeinden.

Nachdem die Synode und der Kirchenrath sich längere Zeit mit dem Entwurf eines neuen Kirchengesetzes beschäftigt hatten, welches sich namentlich zur Aufgabe setzte, die bisherigen Spezialgesetze über einzelne Gebiete des Kirchenwesens in ein organisches Ganzes zu verschmelzen, während es die bisherige kirchliche Ordnung in ihren Hauptgrundsätzen beibehielt, erliess der Grosse Rath am 22. August 1861 das jetzt geltende Gesetz betreffend das Kirchenwesen des Kantons Zürich, welches mit dem 1. Jenner 1862 in Kraft trat.

Dasselbe enthält folgende für die Ausgemeinden der Stadt Zürich massgebende und theilweise neue Bestimmungen:

§ 172. Mit Bezug auf die Kirchenpflegen der Stadt Zürich gelten folgende Ausnahmsbestimmungen:

1. Die Kirchgemeinde St. Peter hat eine aus Mitgliedern der Stadtabtheilung und der Ausgemeinden zusammengesetzte Kirchenpflege. Sie besteht nebst dem Pfarrer, dem Helfer und den Pfarrern der Ausgemeinden aus 19 Mitgliedern von freier Wahl, welche nach einer im Verhältniss zur Bevölkerung vorzunehmenden und jeweilen nach stattgehabter Volkszählung zu revidirenden Vertheilungsweise theils durch die Stadtabtheilung, theils durch jede der Ausgemeinden aus ihrer

Mitte gewählt werden. Den Präsidenten der Kirchenpflege wählt die gesammte Kirchgemeinde frei aus der Mitte der Kirchenpflege. Die von einer Ausgemeinde in die gemeinsame Kirchenpflege gewählten Mitglieder bilden sammt dem betreffenden Pfarrer als Präsidenten die Separatkirchenpflege der Ausgemeinde und die von der Stadtgemeinde gewählten Mitglieder sammt dem Pfarrer und Helfer die Separatkirchenpflege der Stadtabtheilung. Der Präsident der letztern wird von der Stadtabtheilung der Kirchgemeinde gewählt.

2. Die Stadtabtheilung der Predigergemeinde hat eine eigene Kirchenpflege, die nebst dem Pfarrer und Helfer aus einer von der Gemeinde zu bestimmenden Zahl von Mitgliedern besteht. Ebenso hat jede der drei Ausgemeinden eine eigene Kirchenpflege, die nebst dem betreffenden Pfarrer als Präsidenten aus einer von der Ausgemeinde selbst zu bestimmenden Zahl von Mitgliedern aus freier Wahl besteht.

U. s. f.

§ 233. Die Pfarrer an den Ausgemeinden der Stadt Zürich (Enge, Wiedikon, Aussersihl, Oberstrass, Unterstrass und Fluntern) haben die gleichen amtlichen Verrichtungen zu besorgen wie die übrigen Pfarrer, mit der einzigen Ausnahme, dass bis zur Herstellung genügender kirchlicher Lokale in den Ausgemeinden das Abendmahl daselbst nicht ertheilt und demzufolge an den Abendmahlstagen der hohen Feste in den Ausgemeinden auch kein Vormittagsgottesdienst gehalten werden soll.

§ 246. Die Inhaber von Helferstellen erhalten jährlich 1600 Franken, die Inhaber der Filialstellen (Albisrieden ...) und die Pfarrer an den Ausgemeinden der Stadt Zürich (Enge, Wiedikon, Aussersihl, Oberstrass, Unterstrass und Fluntern) jährlich 1500 Frkn. Besoldung nebst Alterszulagen von 200 Frkn. vom 7. bis 12., von 400 Frkn. vom 13. bis 18., von 600 Frkn. vom 19. bis 24. und von 800 Frkn. vom 25. Dienstjahre an gerechnet.

Die Besorgung der bisherigen Katechetenstelle Leimbach wird dem Pfarrer in Enge übertragen, welcher hiefür eine Besoldungszulage von 250 Frkn. jährlich erhält.

Sowie von Filial- oder Ausgemeinden der Stadt Zürich die Pflichten selbstständiger Pfarreien übernommen werden, treten die betreffenden Geistlichen in die volle Besoldung der ordentlichen Pfarreien ein.

§ 250. Jeder Geistliche hat die Pflicht, in seiner Gemeinde, in welcher ihm freie Wohnung anzuweisen ist, den Wohnsitz zu nehmen. Für die Uebergangszeit kann jedoch der Regierungsrath auf Antrag des Kirchenrathes aus besondern Gründen Ausnahmen bewilligen.

Zu diesem Behufe soll in jeder Kirchgemeinde und ebenso in jeder Filial- und Ausgemeinde der Stadt Zürich eine eigene Pfarrwohnung bestehen, soweit nicht der Regierungsrath aus besondern Gründen hievon Ausnahmen gestattet.

Die Erbauung und Unterhaltung der Pfarrwohnungen in den gegenwärtigen Kirchgemeinden und den in § 246 bezeichneten Filialgemeinden ist Sache der betreffenden Gemeinde, insofern sie nicht kraft bestehender Rechtsverhältnisse Andern obliegt. Bei Gründung neuer Kirchgemeinden oder Errichtung von Helferstellen liegt die Pflicht der Erbauung und Unterhaltung der Pfarrwohnungen gleichwie der Kirchen den betreffenden Gemeinden ob, wobei die Auseinandersetzung zwischen Mutter- und Tochtergemeinde vorbehalten bleibt. An Neubauten und Hauptreparaturen kann der Regierungsrath einen der Grösse der Bausumme und den Vermögensverhältnissen der Gemeinde angemessenen Staatsbeitrag verabreichen.

Denjenigen Geistlichen (Pfarrern und Helfern), welchen eine eigene Pfarrwohnung nicht angewiesen werden kann, haben die betreffenden Gemeinden eine von der Bezirkskirchenpflege zu genehmigende, den Miethpreisen des Ortes entsprechende Entschädigung zu bezahlen.

Durch dieses Gesetz wurden also folgende Neuerungen herbeigeführt:

1. Die Geistlichen an den Ausgemeinden erhalten den Titel und Rang von Pfarrern, allerdings nicht mit der vollen Pfarrbesoldung wie die andern Inhaber von Pfarrstellen an vollberechtigten Kirchgemeinden, aber immerhin mit einer bedeutend höhern Besoldung als bisher. Sowie aber die Ausgemeinden sich zu selbstständigen Kirchgemeinden erheben, treten die betreffenden Geistlichen in die volle Besoldung der ordentlichen Pfarreien ein.

Sie haben mit einziger Ausnahme der Austheilung

des h. Abendmahls alle seelsorgerlichen Funktionen zu verrichten, also auch die h. Taufe zu vollziehen. Sie müssen in ihren Gemeinden den Wohnsitz nehmen, und wo ihnen eine eigene Pfarrwohnung nicht angewiesen werden kann, soll ihnen eine entsprechende Miethzinsentschädigung bezahlt werden.
2. Leimbach wird zu einer Filiale von Enge gemacht.
3. Die St Petersgemeinde hat eine Gesammtkirchenpflege für ihre gemeinsamen Angelegenheiten, daneben existiren vier Separatkirchenpflegen für die vier Bestandtheile. (Die Gemeinde zun Predigern hat, wie wir schon früher erwähnten, keine Gesammtkirchenpflege. Besässe sie ein gemeinschaftliches Kirchengut, so wäre wohl auch dort eine ähnliche Organisation eingetreten.)

Im Gesetze wird an zwei Stellen darauf hingedeutet, dass diese Bestimmungen transitorischer Natur seien und nur gelten bis „zur Herstellung genügender kirchlicher Lokale", mit andern Worten, der Gesetzgeber will die völlige Erhebung der Ausgemeinden zu selbstständigen und vollberechtigten Kirchgemeinden anbahnen und begünstigen, wagt aber noch nicht, den Knoten zu lösen. Die Petrinischen Ausgemeinden fanden es aus ökonomischen Gründen vortheilhafter, mit der Stadt verbunden zu bleiben, obwohl es gerade im kirchlichen Interesse gelegen hätte, dass der Grosse Rath die durch die Natur der Verhältnisse bereits angebahnte und im geschichtlichen Entwicklungsgang begründete Trennung gesetzgeberisch sanktionirt hätte.

Die Weisung des Regierungsrathes an den hohen Grossen Rath zu dem Gesetzesentwurf (Amtsblatt von 1861 Nr. 13) zeigt genügend, dass die Behörden die Sachlage vollkommen richtig würdigten, dass aber die Abneigung der Ausgemeinden, für die höhern kirchlichen Interessen Opfer zu bringen, den Gesetzgeber abhielt, weiter zu gehen, als die Besoldungen der Katecheten zu verbessern. Auch eine anonyme Flugschrift, die schon im Jahre 1856 (Zürich bei Walder & Sohn) unter dem Titel „Die VII Ausgemeinden der Stadt Zürich oder Beleuchtung der kirchlichen Verhältnisse dieser Gemeinden und der Stellung ihrer Geistlichen" erschienen war, hatte sich darauf beschränkt, für eine würdigere Stellung der Geistlichen der Ausgemeinden zu plaidiren, hielt dagegen den Zeitpunkt für Bildung selbstständiger Kirchgemeinden noch nicht für gekommen. Wir können uns nicht enthalten, aus der zitirten regierungsräthlichen Weisung den betreffenden Passus abzudrucken.

„Zu den dringendsten Bedürfnissen gehört dann unstreitig die Erhöhung der Katechetenbesoldungen, denn die Pflichten, welche die Katecheten zu erfüllen haben, und die sich von Jahr zu Jahr steigernden Anforderungen an dieselben stehen zu ihrer bisherigen Besoldung von 675 Frkn., welche nicht einmal für die dringendsten Bedürfnisse eines einzelnen Mannes, geschweige denn zur Ernährung einer Haushaltung ausreichen, im schreiendsten Missverhältniss. Dennoch scheint es nicht rathsam die Katechetenbesoldung allzu hoch zu steigern, weil diese Gemeinden förmliche Pfarreien werden sollten und darin allein die durchgreifende Hülfe zu finden wäre; in ihnen aber die Neigung vorzuwalten scheint, Anhängsel von Stadtgemeinden zu bleiben und doch alle Vortheile von Pfarreien sich geben zu lassen, so dass, wenn die Katecheten selbst rücksichtlich ihrer äussern Stellung vollkommen befriedigt wären, diese Gemeinden sich schwerlich je zu irgend einem Opfer für Erreichung des angedeuteten Hauptzweckes herbeilassen würden.

„Es ergiebt sich aus sehr genauen Untersuchungen der Bezirkskirchenpflege Zürich über den vormaligen und den jetzigen Bestand dieser Gemeinden, dass in denselben grosse Veränderungen stattgefunden haben, ohne dass der Gehalt der Katecheten in entsprechendem Maasse und in irgend einem richtigen Verhältnisse zu den vermehrten Geschäften erhöht worden wäre. Die Bevölkerung hat nämlich in diesen Gemeinden seit Anfang dieses Jahrhunderts und besonders seit Anfang der Dreissigerjahre in ganz ausserordentlicher Weise zugenommen und vermehrt sich fortwährend von Jahr zu Jahr.

„Die Gesammtbevölkerung der Ausgemeinden beträgt jetzt über 20,000 Seelen und wird bei dem Aufschwung, den Zürich in letzter Zeit genommen hat, in den nächsten zehn Jahren noch bedeutend zunehmen. Eine solche Bevölkerung verdient in kirchlicher Beziehung mehr Berücksichtigung, als bisher der Fall war; besonders da das Band, das sie mit den Muttergemeinden zusammenhält, sehr schwach geworden und der Entwicklung des kirchlichen Lebens entschieden nachtheilig ist. Alle diese Gemeinden haben nunmehr ihren eigenen Stillstand und ihre eigene Schulpflege und es steht der Katechet an der Spitze derselben wie der Pfarrer einer selbstständigen Kirchgemeinde. Fluntern, Oberstrass und Unterstrass haben so zu sagen gar keine Beziehungen zur Muttergemeinde; diese bestehen bloss in dem gemeinsamen Besitze eines Separatkirchenfondes, in dem bei der Entwicklung des Katechetenamtes und der Wahl des Katecheten durch die Ausgemeinde offenbar unbillig gewordenen Rechte der Mitwirkung bei der Wahl eines Pfarrers bei Predigern, in dem Rechte, die Kinder in der Predigerkirche taufen und die Ehen daselbst promulgiren zu lassen, und endlich im Antheil an dem Stadtkirchenalmosen, ein ökonomisch sehr gewichtiges, aber für die innere kirchliche Gemeinschaft ganz unerhebliches Moment. Für die Ausgemeinden von St. Peter kommt zu dem Angeführten noch hinzu, dass sie Antheil an dem gemeinsamen Kirchengute haben und mit der Muttergemeinde formell auch noch durch einen Gesammtstillstand verbunden sind; allein die Seltenheit der Sitzungen und die geringe Zahl der Traktanden dieser Behörde zeigen deutlich genug, wie locker das Band ist, das das Ganze zusammenhält.

„Hiezu kommt die alles Maass überschreitende Unkirchlichkeit in den Ausgemeinden. Man hat berechnet, dass von den frühern 10,000 Einwohnern derselben, die kinderlehrpflichtige Jugend mit eingerechnet, mehr als 8000 nie, als etwa an hohen Festtagen, eine Kirche besuchen. Die monatliche Predigt, welche seit 1844 von den Katecheten in den Bethäusern gehalten wird, hat somit den beabsichtigten Zweck der Hebung des gottesdienstlichen Lebens nicht erreicht. Denen, welche letzteres liebgewonnen, genügt diese Predigt nicht, sie besuchen daher den regelmässigen Gottesdienst in einer Stadtkirche, und auf die Uebrigen übt ein bloss monatliches Auftreten des Katecheten als Prediger nicht die nöthige Anziehungskraft aus; auch würden die vorhandenen Bethäuser eine grösser Zahl von Kirchgenossen nicht umfassen können. Es braucht aber kaum gesagt zu werden, wie gefährlich eine solche Unkirchlichkeit, ja man möchte fast sagen kirchliche Heimatlosigkeit für den grössten Theil der Bewohner der Ausgemeinden in religiöser, bürgerlicher und sozialer Hinsicht ist.

„So scheint denn freilich die Gründung selbstständiger Pfarreien in diesen Gemeinden das einzig ausreichende Heilmittel gegen diese Uebelstände zu sein; auch leuchtet Jedermann ein, dass die Katechetengemeinden vor allen andern aus solcher Geistlicher bedürfen, welche mit allen ihnen zu Gebote stehenden Mitteln, ohne um des äussern Fortkommens willen die beste Zeit und Kraft einem andern Wirkungskreise zuwenden zu müssen, ihrem geistlichen Berufe leben können. Es ist aber in diesen Gemeinden keine rechte Neigung vorhanden, sich zu selbstständigen Pfarreien erheben zu lassen und für diesen Zweck erhebliche Opfer zu bringen, wie sich deutlich genug aus den hierüber eingezogenen Berichten ihrer Stillstände ergibt. Es mag hiezu jene bereits zur Gewohnheit gewordene Unkirchlichkeit mitwirken, das Hauptmotiv liegt aber in den Verhältnissen, in welchen daselbst die Bürger zu den Niedergelassenen und namentlich die Bürger und auf Grundeigenthum Niedergelassenen, welche die Kosten der Erbauung der Pfrundlokalitäten zu tragen hätten, zu den übrigen Niedergelassenen und den Aufenthaltern stehen. Es sind nämlich volle drei Viertheile der Bewohner Ansässen und die wenigsten derselben besitzen Grundeigenthum. Die Last würde also auf jenem kleinen Theile liegen und um so drückender sein, als bereits in den letzten 20 – 30 Jahren, meist um der beweglichen Ansässen willen, die Lehrstellen verdoppelt und verdreifacht und ebenso auch zwei bis drei Mal grössere Schulhäuser erbaut werden mussten. Allein diese Zusammensetzung der Bevölkerung erschwert nicht nur die Bildung selbstständiger Pfarreien, sondern zugleich in hohem Maasse auch die Arbeit des Geistlichen, welcher mit Ausnahme der allsonntäglichen Predigt und Zudienung der Sakramente alle pfarramtlichen Funktionen in Kirche und Schule und im Armenwesen zu verrichten hat. Die grosse Menge ganz armer Haushaltungen, welche sich, oft aus sehr unlautern Motiven, in den Umgebungen der Stadt zusammendrängen, nimmt seine Thätigkeit in hohem Grade in Anspruch und nöthigt ihn zur Führung einer umfassenden Korrespondenz mit den heimatlichen Pfarrämtern und Armenpflegen und allerlei Empfehlungen an wohlthätige Vereine, so dass der Geschäftskreis eines Katecheten erwiesener Maassen bereits grösser und umfassender ist als der eines Pfarrers in einer gleichbevölkerten Landgemeinde.

„Der Vorschlag des Regierungsrathes geht nun im Hinblicke auf die erörterten Verhältnisse dahin, dass die **Geistlichen der Ausgemeinden (gleich den Filialisten)** in die Reihe der nach der Altersabstufung besoldeten Pfarrer hinübertreten, sobald die Katechetengemeinden die angemessenen Anerbietungen zur Gründung selbstständiger Pfarreien gemacht und erfüllt haben werden, und dass inzwischen die fixe Besoldung der Katecheten auf 1500 Frkn. zu erhöhen sei, in der Meinung, dass das Katechetenamt Leimbach mit einer andern benachbarten geistlichen Amtsstelle vereinigt werden könne und der betreffende Geistliche in diesem Falle für Leimbach mit 500 Frkn. resp. 600 Frkn. zu entschädigen sei." (§ 243 Z. 5.)

Hatte man damals den Muth oder den Willen nicht, die Ausgemeinden zu selbstständigen Kirchgemeinden zu erheben, so hätte man besser gethan — mit Ausnahme der erhöhten Besoldung der Herren Katecheten beziehungsweise Pfarrer — die Verhältnisse zu belassen, wie sie waren. Auch hier zeigte sich so recht, dass Halbheit das allerschlimmste ist. Das Gesetz legte diesen Ausgemeinden neue Lasten auf, ohne ihnen ein entsprechendes Aequivalent zu bieten. In den Bethäusern mussten Taufsteine errichtet werden, die Sigristen hatten mehr zu besorgen als früher, mussten also ebenfalls besser besoldet werden, endlich die wichtigste und jährlich wiederkehrende Ausgabe waren die Miethzinsentschädigungen. In den zum Prediger kirchgenössigen Gemeinden wurden diese Auslagen von den betreffenden politischen Gemeinden übernommen und müssen durch Steuern gedeckt werden. Beim St. Peter sollte das Gesammtkirchengut für alle diese vermehrten Bedürfnisse einstehen. Es wurden nämlich die Separatkirchenpflegen der Ausgemeinden am 5 Christmonat 1861 durch die Gesammtkirchenpflege eingeladen, über ihre vermehrten kirchlichen Bedürfnisse Eingaben an letztere zu machen. Aus diesen Eingaben ergab sich nun, dass in Folge des neuen Kirchengesetzes die drei Petrinischen Ausgemeinden belastet werden zusammen mit einer ordentlichen jährlichen Gesammtausgabe von Frkn. 2800 und mit einer einmaligen ausserordentlichen Ausgabe von Frkn. 1139. 80 Rp.

Die einmalige ausserordentliche Ausgabe rührte her von der Anschaffung der Taufsteine und Taufapparate.

Die ordentliche, jährlich wiederkehrende Ausgabe beziffert sich im Einzelnen folgendermaassen:

Aussersihl:
Miethzins für Pfarrwohnung und
Kirchenpflegezimmer . . . . Fr. 600. —
Besoldung des Vorsingers . . „ 150. —
„ „ Sigristen . . . „ 100. —
           Fr. 850. —

(nach Abzug der bisherigen Beiträge des Kirchengutes für den Herrn Katecheten und den Vorsinger von 336 Frkn. eine Mehrausgabe von 514 Frkn.)

Enge mit Leimbach:
Miethzins für Pfarrwohnung . . Fr. 1000. —
Besoldung des Vorsingers. . . „ 100. —
„ „ Sigristen . . . „ 100. —
           Fr. 1200. —

(gegenüber den bisher bezahlten 452 Frkn. eine Mehrausgabe von 748 Frkn.)

Wiedikon:
Miethzins für Pfarrwohnung . . Fr. 500. —
Besoldung des Vorsingers. . . „ 100. —
„ „ Sigristen . . . „ 100. —
„ „ Aktuars der Separatkirchenpflege „ 25. —
           Fr. 725. —

(gegenüber dem bisherigen Beitrag von Frkn. 316 eine Mehrausgabe von 409 Frkn.)

           Fr. 2775. —

Es musste nun in Frage kommen, ob und in welchem Maasse das Centralkirchengut für diese sehr bedeutenden Ausgaben in Anspruch genommen werden könne, von denen ausserdem vorauszusehen war, dass sie sich im Laufe der Zeit noch steigern würden. Zur Prüfung der Eingaben und ihrer Deckungsmittel, sowie der bezeichneten Rechtsfrage wurde eine Kommission von 7 Mitgliedern gewählt. In dieser machte sich nun namentlich die Ansicht geltend, dass die Ausgabe für die Taufsteine nebst Zubehörde jedenfalls aus den Bethausgütern bestritten werden müssen, weil solche als ein integrirender Bestandtheil jener Bethäuser zu betrachten seien, und ferner, dass alle drei Ausgemeinden mit Bezug auf die denselben zu leistenden Beiträge auf die gleiche Linie zu setzen seien. Die Mehrheit der Kommission stellte aber ganz einfach den Antrag, den Ausgemeinden die Mehrkosten nach den gemachten Eingaben zu vergüten. Dieser Antrag erhielt sodann sowohl gegenüber einem Minderheitsantrag als gegenüber einem eventuellen Antrag, den Bezirksrath um Wegleitung zu ersuchen, in der Gesammtkirchenpflege die Mehrheit. Die Mitglieder der städtischen Abtheilung verwahrten sich hiegegen zu Protokoll und gelangten mit einem Rekurs an den Bezirksrath, worin sie die Sachlage darstellten und diese Behörde (welche nach § 195 des Kirchengesetzes in Sachen, welche die Oekonomie betreffen, der Kirchenpflege übergeordnet ist, während für die eigentlichen kirchlichen Angelegenheiten die Bezirkskirchenpflege die obere Instanz bildet) ersuchten, selbst darüber zu entscheiden, welche Beiträge künftig das St. Petrinische Gesammtkirchengut sowie allfällig die Bethausgüter an die durch das neue Kirchengesetz gesteigerten Bedürfnisse der Ausgemeinden zu leisten haben. Wir werden die verschiedenen Rechtsanschauungen der Ausgemeinden und der städtischen Minderheit in dieser Frage weiter unten näher beleuchten und machen hier nur darauf aufmerksam, dass die Ausgemeinden, welche sowohl in der Gesammtkirchenpflege als in der Gesammtkirchgemeinde die numerische Mehrheit hatten, beschliessen konnten, was sie wollten und was in ihrem Interesse lag, also faktisch Richter in eigener Sache waren, was allen Grundsätzen eines gesunden Rechtslebens widerspricht. Die städtische Minderheit verfocht dagegen in dieser ganzen Angelegenheit nicht bloss eigene Interessen, sondern trat zugleich für die Gesammtgemeinde und die Erhaltung des Stammkapitals des gemeinschaftlichen Kirchengutes in die Schranken.

Leider aber trat der Bezirksrath auf die ihm vorgelegte Frage nicht ein, sondern erklärte mit Bescheid vom 15. Oktober 1862, dass die fragliche Angelegenheit nicht durch die Gesammtkirchenpflege, sondern nach §§ 166 und 167 des Kirchengesetzes bloss durch die Kirchgemeindsversammlung erledigt werden könne, dass daher zuerst ein Gemeindebeschluss vorliegen müsse, bevor irgend eine Beschwerde zulässig sei.

Nun wurde diese Angelegenheit wiederum in der Kirchenpflege diskutirt und neuerdings an eine Kommission zur Begutachtung und Antragstellung überwiesen Dass diese zu keiner Vereinbarung gelangen könne, war vorauszusehen, und in der That wurden auch hier verschiedene Vermittlungsvorschläge (z B. den Ausfall durch eine freiwillige Kirchensteuer zu decken oder die Auslagen, abgesehen von den Taufsteinen, zwar jetzt ganz aus dem Kirchengute zu bezahlen, dagegen in Zukunft es wie bisanhin bei fixirten Beiträgen an die Ausgemeinden zu belassen) verworfen. Wir halten es daher auch für überflüssig, aus den betreffenden Kommissionalverhandlungen weitere Details anzuführen. In Folge dessen hatte sich die am 3. Mai 1863 versammelte Petrinische Gesammtkirchgemeinde zwischen folgenden zwei Anträgen zu entscheiden:

1. Derjenige des Herrn Bölsterli von Aussersihl, dahin gehend:

„Die in Folge des neuen Kirchengesetzes und zwar sowohl durch die Besoldungserhöhungen der beiden Herren Geistlichen und des Sigristen an der Mutterkirche entstehende jährliche Mehrausgabe von Frkn. 904 als die durch die kirchlichen Bedürfnisse der Ausgemeinden entstehende jährliche Mehrausgabe von Frkn. 1671 [48]) (also zusammen Frkn. 2575 jährliche Mehrausgabe) auf das Kirchengut zu übernehmen, im Falle Rückschlages des Kapitalbestandes desselben aber denselben jeweilen auf dem Wege der Besteurung nach den bestehenden Steuergesetzen zu decken."

2. Derjenige des Herrn Oberstlt. Nüscheler (des langjährigen treuen und gewissenhaften Verwalters des Kirchengutes):

„In Folge der vermehrten kirchlichen Bedürfnisse für das laufende Jahr 1863 nachfolgende vermehrte Beiträge an

Wiedikon	statt der bisherigen Frkn.	200.	Frkn.	500.
Enge-Leimbach	„ „ „ „	280.	„	580.
Aussersihl	„ „ „ „	220.	„	620.

mithin im Ganzen statt Frkn. 700. Frkn. 1700. aus dem Kirchengut zu leisten; und 2.) die Vorschüsse vom Jahr 1862 betragend Frkn. 2100 in der Rechnung von 1863 in Ausgabe zu bringen."

---

[48]) Spezifikation s. oben S. 66.

Mit 309 Stimmen von 418 Votanten wurde der Antrag Bölsterli von der Gesammtkirchgemeinde zum Beschluss erhoben. Schon vor der Abstimmung hatten sowohl Herr Oberstlieutenant Nüscheler als ein anderes Mitglied der städtischen Kirchenpflege ausdrücklich in der Gemeinde erklärt, es müsse sich die Minderheit vorbehalten, gegen einen allfälligen Mehrheitsbeschluss im Sinne des Antrages Bölsterli die geeigneten rechtlichen Schritte zu ergreifen. Desshalb wurde dann auch, um keine Zeit zu verlieren, sofort auf Sonntag den 10. Mai eine besondere Kirchgemeindsversammlung des St. Petrinischen Stadttheils einberufen, derselben die Sachlage und die Konsequenzen des Gemeindebeschlusses auseinandergesetzt und von derselben einstimmig folgender Beschluss gefasst:

„Es sei die Kirchenpflege des Stadttheils beauftragt und bevollmächtigt, Namens der städtischen Kirchgenossen innerhalb der gesetzlichen Frist den Rekurs an den löbl. Bezirksrath Zürich zu ergreifen gegen den Mehrheitsbeschluss der St Petrinischen Gesammtkirchgemeinde vom 3. Mai abhin und unter Darlegung des Sachverhalts und der bezüglichen Verhandlungen der Gesammtkirchenpflege die Tit. Behörde um den grundsätzlichen Entscheid darüber anzugehen, ob das St. Petrinische Gesammtkirchengut unbedingt hafte für alle separaten kirchlichen Bedürfnisse der drei Ausgemeinden, und ob, da es hiezu ohne Eingriff ins Stammkapital nicht hinreiche, der Ausfall durch eine von der Gesammtgemeinde zu tragende obligatorische Steuer zu decken sei; oder ob nicht vielmehr das Kirchengut, zunächst für die Bestreitung der Bedürfnisse der Gesammtkirchgemeinde bestimmt, an jene separaten Bedürfnisse blosse Beiträge zu leisten habe und in welchem Maasse, sowie ob nicht diese vermehrten kirchlichen Lasten der Ausgemeinden, soweit diese Beiträge aus dem Kirchengut zu ihrer Bestreitung nicht hinreichen, durch allfällige Ueberschüsse der Einnahmen der Bethausgüter sowie durch Separatsteuern in den einzelnen Ausgemeinden zu bestreiten seien?"

Aus der betreffenden von dem Verfasser gegenwärtiger Darstellung bearbeiteten Rekursschrift heben wir bloss einige Hauptgedanken heraus, um den Standpunkt der städtischen Minderheit klar zu zeichnen.

Zuerst wurde nachgewiesen, dass das neue Kirchengesetz den sämmtlichen Petrinischen Ausgemeinden vermehrte ökonomische Lasten aufbürde, und zwar in der Weise und zu dem Behufe, um sie, wenn auch nicht völlig, so doch fast gänzlich, zu selbstständigen Kirchgemeinden zu erheben. Die Geistlichen der Ausgemeinden haben den Rang von Pfarrern und die Besoldung vom Staate und üben, mit einziger Ausnahme der Ertheilung des h. Abendmahls, sämmtliche geistliche Funktionen aus. Die Ausgemeinden haben ihre Separatstillstände, ihre eigenen Bethäuser und ihre Bethausfonds. Der Zusammenhang mit der Muttergemeinde besteht bloss in der h. Kommunion an den hohen Festtagen und in dem Besitz und der Verwaltung eines gemeinschaftlichen Kirchengutes. Während also ursprünglich und noch bis in den Anfang der Dreissigerjahre in der That eine einheitliche Kirchgemeinde bestand und die ganze religiöse Obsorge auch der Ausgemeinden vom Pfarrer der Mutterkirche, der ja ursprünglich die Katecheten ernannte, und von der Centralkirchenpflege (Separatstillstände gab es früher keine) ausgieng, so hat sich dieser Zustand allmälig immer mehr gelockert, indem die Ausgemeinden heranwuchsen und sich immer selbstständiger gestalteten. Jetzt haben wir ein ideales juristisches Ganzes: die Gesammtkirchgemeinde und daneben faktisch vier einzelne Bestandtheile, denen nur wenig mehr fehlt, um eigene vollberechtigte Kirchgemeinden zu sein. Es giebt allgemeine Bedürfnisse der Gesammtgemeinde, für deren Befriedigung das gemeinschaftliche Kirchengut von jeher haftete und auch ferner selbstverständlich in Anspruch genommen werden muss: die Besoldung der zwei Geistlichen der Gesammtgemeinde, des Sigristen u. s. f. (es war unrichtig, im Antrag des Herrn Bölsterli wegen der erhöhten Besoldungen der Herren Geistlichen zu sagen, es hätten sich auch die kirchlichen Bedürfnisse der Stadtabtheilung gemehrt, denn diese Geistlichen werden ja nicht von letzterer, sondern von der Gesammtkirchgemeinde gewählt, und sodann betrifft diess genau betrachtet das im Gesammtkirchengut steckende Pfrundgut, aber nicht das Kirchengut im engern und eigentlichen Sinn), die Unterhaltung der Kirche, der Pfrundgebäude u. s. f.; daneben giebt es aber Separatbedürfnisse der einzelnen Bestandtheile. Diese letztern haben sich vermehrt und werden sich von Jahr zu Jahr steigern. Bis jetzt hat das gemeinsame Kirchengut, und zwar so weit diess ohne Eingriff ins Stammkapital möglich war, nur jährliche Beiträge an die Ausgemeinden geleistet; woraus folgt nun, dass dasselbe auch für alle Separatbedürfnisse **unbedingt** haften müsse? Das neue Kirchengesetz sagt davon kein Wort. Der Antrag Bölsterli verlangt und involvirt aber gerade vor Allem die ausdrückliche Anerkennung des Grundsatzes, dass das Kirchengut alle Separatbedürfnisse bestreite und dass, wenn es hiezu nicht hinreiche, eine Gesammtsteuer den Ausfall decke. Es wurde auch ausdrücklich der Vorbehalt gemacht, dass die Ausgemeinden sich das Recht wahren, für vermehrte kirchliche Bedürfnisse das Centralkirchengut und die Steuerkraft der Gesammtkirchgemeinde in gleicher Weise in Anspruch zu nehmen. In der Rekursschrift wurde nun des Nähern ausgeführt, dass dieser Grundsatz (und hiegegen allein richtete sich die Beschwerde, das ökonomische plus oder minus der Leistung des Kirchenguts war durchaus von untergeordneter Bedeutung) alles Recht und alle Billigkeit in eklatantester Weise verletze. Die Ausgemeinden dekretiren einseitig ihre Anforderungen an das Kirchengut, am einen Ort wird die Miethzinsentschädigung auf 1000 Frkn. fixirt, am andern auf 500 Frkn. (warum nicht überall gleich?), hier wird ein Unterweisungszimmer auch noch als kirchliches Bedürfniss erklärt und dort die Gratifikation eines Aktuars (siehe die obigen Eingaben). Von einer Feststellung durch die Gesammtkirchenpflege oder durch die Gesammtgemeinde ist keine Rede, aber selbst wenn noch deren Genehmigung vorbehalten bleibt, so ist diess eine leere Form, weil die Ausgemeinden die überwiegende Mehrheit besitzen und also jeweilen durchsetzen können, was ihnen beliebt. „Müsste nun das Kirchengut", so heisst es in jener Eingabe, „auch für alle diese Separatbedürfnisse, welche sich in der Zukunft noch steigern werden, unbedingt einstehen und müsste dann, weil es hiezu nicht hinreicht, eine **obligatorische Steuer der Gesammtgemeinde** den Ausfall decken, so würde sich die Sache in That und Wahrheit so gestalten, dass der städtische Theil der Kirchgenossen, welcher ungefähr zwei Drittheile des Steuerkapitals der Gesammtbevölkerung repräsentirt, steuern und also den grössten Theil der Steuer zahlen müsste für Lasten und Ausgaben, die ihn nicht im Mindesten berühren und zu deren Dekretirung und Regulirung er kein Wort zu sagen hat.. Nun verstösst diess aber nicht bloss gegen das Fundamentalprinzip der Gleichheit der Rechte und Pflichten, sondern es verletzt den **Geist unseres Gemeinde-**

gesetzes (das Prinzip, welches unserer Gemeindeverwaltung zu Grunde liegt), indem dasselbe bei Festsetzung der Rechte der Niedergelassenen richtig und konsequent den Grundsatz durchführt, dass überall da, wo Jemand zu zahlen hat, ihm auch das Recht zusteht, in der Gemeinde zu stimmen m. a. W. mitzureden. Dieser Gesichtspunkt scheint uns für die Steuerfrage so entscheidend zu sein, dass jedes weitere Wort hierüber überflüssig wäre. Die Bestimmung des § 182 des Gemeindegesetzes kann also wohl nicht schlechthin zur Anwendung gebracht werden." Die Rekurrenten erklärten sich sodann gerne bereit, dazu Hand zu bieten, dass der ganze Ueberschuss der Einnahmen des Kirchengutes den Ausgemeinden als Beitrag zur Bestreitung ihrer kirchlichen Sonderbedürfnisse zufliesse; dagegen hielten sie es für angezeigt, dass die Bethausgüter pro rata ihrer Leistungsfähigkeit, d. h mit dem Ueberschuss ihrer Zinseinnahmen, in Mitleidenschaft gezogen würden. Der Stadttheil St. Peter besitzt gar kein eigenes separates Kirchengut, jene Fonds aber, die ursprünglich bloss für den Unterhalt der Bethäuser bestimmt gewesen waren, hatten allmälig den Charakter von Separatkirchengütern angenommen. Die Legate der Kirchgenossen in den Ausgemeinden fielen fast ausschliesslich in jene separaten Bethausfonds, während die bedeutenden Vermächtnisse des Stadttheils dem gemeinsamen Kirchengut zuflossen. Dass ohne alle und jede Berechtigung ein Theil von Niederlassungsgebühren in einzelne Bethausfonds geflossen war, haben wir oben erwähnt Der Gesammtbetrag der Bethausgüter war 1863 ungefähr 17,000 Frkn., sie warfen also eine jährliche Zinseinnahme von ca. 700 Frkn ab. Die Gesammtkirchenpflege hat indessen nie Einsicht der betreffenden Rechnungen erhalten und auch solche nicht verlangt. Wir wollen absichtlich auf diesen mehr untergeordneten Punkt nicht näher eintreten und begnügen uns anzudeuten, dass gewiss auch hier die Anschauung und der Wunsch der städtischen Rekurrenten ein durchaus billiger war. Dieselben fassten ihre rechtliche Erörterung in folgende Sätze zusammen:

1. „Das neue Kirchengesetz, welches die Veranlassung zu dem vorliegenden Rekurs gegeben hat, lässt die Frage über die Verpflichtungen des St. Petrinischen Gesammtkirchengutes unentschieden.

2. „Das Prinzip des Gemeindegesetzes über die Bestimmung der Gemeindegüter und die Anlegung von Gemeindesteuern kann hier desshalb nicht ohne Anderes zur Anwendung gebracht werden, weil einerseits die konkreten Verhältnisse das Vorhandensein einer einfachen Kirchgemeinde ausschliessen und weil anderseits in der Besteurung der städtischen Kirchgenossen für Separatbedürfnisse der Ausgemeinden nicht nur eine Unbilligkeit, sondern eine Verletzung unserer Grundsätze über Besteurung läge.
3. „Das St. Petrinische Gesammtkirchengut ist seiner ganzen Geschichte, Natur und bisherigen Verwendung gemäss zunächst und in erster Linie bestimmt für die Bedürfnisse der Haupt- oder Mutterkirche und für die Lasten der Gesammtkirchgemeinde, an die Separatbedürfnisse der löbl. drei Ausgemeinden hat es blosse Beiträge zu leisten und auch solche nur insoweit, als diess ohne Eingriff ins Stammkapital geschehen kann.
4. „Soweit diese Beiträge aus dem Gesammtkirchengut zur Bestreitung jener Separatbedürfnisse nicht hinreichen, ist ihre Deckung Sache der einzelnen resp. Gemeinden. Es ist namentlich billig, dass die Bethausgüter hiefür in Mitleidenschaft gezogen werden. Für diese separaten kirchlichen Bedürfnisse können wohl Separatsteuern in den einzelnen Gemeinden erhoben werden, dagegen ist eine der Gesammtgemeinde aufzulegende Generalsteuer hiefür unzulässig."

Diesen Rechtsausführungen gegenüber stellten sich die Ausgemeinden in ihrer Rekursbeantwortung, die in einem ziemlich gereizten Ton abgefasst war, ganz einfach auf den Boden des damaligen Gemeindegesetzes vom 20. Brachmonat 1855 (N. O. S. X. S. 121). Sie erklärten die Erörterungen über die historische Entwicklung der St. Petrinischen Kirchgemeinde und die statistischen Beilagen über die Leistungsfähigkeit des Gesammtkirchengutes und der Bethausfonds als unerheblich und gleichgültig. Das Gesetz kenne nur eine St. Petrinische Kirchgemeinde und demgemäss kämen ganz einfach §§ 180 und 182 des zitirten Gemeindegesetzes zur Anwendung, welche festsetzen, dass die Gemeindeausgaben zunächst aus dem Ertrag der zu ihrer Deckung bestimmten Gemeindegüter (also die kirchlichen Ausgaben aus dem Kirchengut) bestritten werden und dass, wenn der Ertrag derselben hiezu nicht hinreiche, das Fehlende durch Gemeindesteuern gedeckt werden müsse. Dieser Fall liege hier vor, also sei eine Kirchensteuer der Gesammtkirchgemeinde das einzig Richtige und Zulässige. — In der Replik wurde dem gegenüber neuerdings hervorgehoben, dass eine Steuerpflicht ohne entsprechendes Stimmrecht nicht nur an sich ein Unding sei, sondern geradezu den Grundsätzen unsers Gemeindegesetzes diametral entgegenstehe. Auffallend sei es denn doch, dass die Ausgemeinden nun plötzlich die Einheit und Einfachheit der Gesammtgemeinde ins Unglaubliche hinaufschrauben, während sie selbst den Zusammenhang derselben von Jahr zu Jahr immer mehr lockern [49]) und das neue Kirchengesetz ja gerade die naturgemässe Entwicklung der Ausgemeinden zu selbstständigen Kirchgemeinden bedeutend gefördert, wenn auch nicht zum Abschluss gebracht habe. In der Predigergemeinde sei die Stadtabtheilung auch nicht steuerpflichtig für kirchliche Bedürfnisse der Ausgemeinden [50]). Die Duplik brachte nichts Neues. Wie man auch immer über obigen Rekurs denken mag, so viel steht doch für jeden Unparteiischen fest, dass die Rechtsfrage keine einfache war, und jeder Jurist wird zugeben, dass hier matière à plaider vorlag.

Nachdem dieser doppelte Schriftenwechsel stattgefunden hatte, erklärte der Bezirksrath mit Entscheid vom 19. Dezember 1863, es sei die Klage der Minderheit der Kirchgemeinde St. Peter in Hinsicht auf die prinzipielle Frage, um die es sich handelte, begründet und erkannte demgemäss:
1. „Sei der Beschluss der Kirchgemeinde St. Peter vom 3 Mai 1863 aufgehoben.
2. „Sei die Gesammtkirchenpflege St. Peter angewiesen, für eine gütliche Ausgleichung resp. Ausscheidung der Verhältnisse Unterhandlungen anzuordnen, welche den

---

[49]) Beispielsweise wollen wir hier nur erwähnen, dass die Wahl des jetzigen Herrn Pfarrers von Wiedikon der Gesammtkirchenpflege nie offiziell mitgetheilt worden ist. Als im März 1869 die Gemeinde Aussersihl sich an den Kirchenrath wandte behufs Kreirung einer Helferstelle wurde auch hierüber die Gesammtkirchenpflege in keiner Weise begrüsst.

[50]) Dieses letztere Argument ist allerdings nicht ganz stichhaltig, weil dort ein gemeinsames Kirchengut fehlt.

faktischen Bestand, wie er durch die geschichtliche Entwicklung der Gemeinde und durch die Gesetzgebung geworden ist, zur Grundlage haben und deren Ergebnisse nach Analogie von § 167 des Gemeindegesetzes der Genehmigung der obern Behörden unterstellt werden sollen."

Die Erwägungen, welche zu einem grossen Theil die Rechtsausführungen der Rekursschrift reproduziren und als die beiden entscheidenden Gesichtspunkte hervorheben, einerseits dass nach dem Prinzip der zürcherischen Gesetzgebung Stimmberechtigung und Steuerpflicht immer mit einander korrespondiren müssen, welcher Grundsatz hier verletzt würde; anderseits dass das Wahlrecht der Geistlichen ein ganz verschiedenes sei für die Gesammtkirchgemeinde und für die Ausgemeinden und dass desshalb nicht von einer einfachen und gewöhnlichen Kirchgemeinde geredet werden könne, lauten folgendermaassen:

1. „Die Frage, um die es sich im vorliegenden Streite handelt, bezieht sich, prinzipiell gefasst, darauf, ob, wie die Mehrheit behauptet, die allgemeinen gesetzlichen Bestimmungen auf die Kirchgemeinde St. Peter die gleiche unbedingte Anwendung finden, wie auf die übrigen Kirchgemeinden des Kantons; oder ob in derselben, nach der Ansicht der Minderheit, solche eigenthümliche Verhältnisse bestehen, die eine durchgehende Anwendung der allgemeinen Gesetzesbestimmungen, namentlich in Hinsicht auf Belastung des Gesammtkirchengutes und Steuerpflicht der Kirchgenossen als unzulässig erscheinen lassen.

2. Die faktischen Verhältnisse sind im Wesentlichen nicht streitig. Es ist von beiden Seiten anerkannt, dass eine Gesammtkirchgemeinde St. Peter besteht, welche ein gemeinsames Kirchengut, inclusive gemeinsame kirchliche Gebäulichkeiten, besitzt und einen Pfarrer, einen Helfer, einen Sigristen und einen Todtengräber hat, die von der Gesammtheit der Kirchgenossen (Gesammtkirchgemeinde) gewählt und aus dem Gesammtgute besoldet werden. Ebenso ist aber auch anerkannt, dass sich im Laufe der geschichtlichen Entwicklung und an der Hand der fortschreitenden Gesetzgebung folgende eigenthümliche Verhältnisse gestaltet haben:

    a.) In denjenigen Bestandtheilen der Kirchgemeinde St. Peter, welche unter dem Namen von Ausgemeinden eine korporative Bezeichnung erhalten haben, bestehen Bethäuser und kirchliche Güter, welche nicht von der Gesammtkirchgemeinde erstellt worden sind, von den sogenannten Ausgemeinden eigenthümlich angesprochen und von ihnen allein verwaltet werden; diesen kirchlichen Gütern fallen neben freiwilligen Beiträgen gewisse Quoten gesetzlicher Einkünfte zu.

b.) Die Ausgemeinden haben ihre Separatkirchenpflegen wie auch für die kirchliche Bedienung Angestellte (Sigristen und Vorsinger), welche sie allein wählen.

c.) Die Ausgemeinden haben für gewisse kirchliche Bedürfnisse ihre besondern Geistlichen mit besondern gesetzlich normirten Verpflichtungen. Die Verhältnisse dieser Geistlichen wechselten im Laufe der Zeiten. Während dieselben unter dem Namen von Katecheten anfangs von dem Pfarrer, später von dem Stillstand der Gesammtkirchgemeinde bestellt worden sind, ist durch das Gesetz betreffend die Verhältnisse der Katecheten vom 27. Juni 1834 die Wahl derselben den betreffenden Gemeinden, in gleicher Weise wie den völlig selbstständigen Kirchgemeinden des Kantons die Wahl ihrer Pfarrer zuerkannt und der Wirkungskreis der Katecheten erweitert worden, und während die Besoldung der beiden Geistlichen der Hauptkirche ganz aus dem Gesammtkirchengute bestritten wird, bestimmt das erwähnte Gesetz einen Beitrag des Staates an die Besoldung der Katecheten.

d.) Das Gesetz vom 24. September 1844 verändert den Wirkungskreis der Katecheten in der Weise, dass ihre Beihülfe am Dienst der Hauptkirche wegfällt, dagegen ihre Leistungen in den Ausgemeinden durch Uebertragung eines monatlichen Gottesdienstes und der gesammten Seelsorge vermehrt und der jährliche Beitrag des Staates an ihre Besoldung erhöht wird.

e.) Das Gesetz betreffend das Kirchenwesen des Kantons Zürich endlich vom 22. August 1861 erhebt die Katecheten zu Pfarrern und weist ihnen alle amtlichen Obliegenheiten eines Pfarrers zu; nur die Austheilung des h. Abendmahls wird noch auf den Zeitpunkt der Herstellung genügender Lokale der Ausgemeinden hinausgesetzt; die Besoldung dieser Pfarrer wird ganz vom

Staate übernommen und soll, „sobald die Ausgemeinden die Pflichten selbstständiger Pfarreien übernehmen", der vollen Besoldung der ordentlichen Pfarreien gleichgesetzt werden.

3. Es geht hieraus klar hervor, dass sich die Eigenthümlichkeit der kirchlichen Verhältnisse der Gemeinden St. Peter sowohl der geschichtlichen Entwicklung als der Gesetzgebung nach in der Richtung bewegte, die Ausgestaltung der sogenannten Ausgemeinden zu korporativer Selbstständigkeit fortschreitend zu befördern, und es stellt sich diese Richtung auch als ein unabweisliches Bedürfniss und Ergebniss der veränderten Zeitverhältnisse dar. Sowie aber dieser Entwicklungsprozess den Punkt hatte, dass die Ausgemeinden ihre Geistlichen ohne Mitwirkung der übrigen Kirchgenossen wählen und ihre Entschädigungsverhältnisse selbstständig festsetzen, so hört nach dem Grundprinzip der zürcherischen Gesetzgebung über das Verhältniss von Stimmberechtigung und Steuerpflichtigkeit für die Gesammtkirchgemeinde resp. für die sie repräsentirenden Organe und Güter die Verpflichtung auf, für die kirchlichen Bedürfnisse der Ausgemeinden in gleicher Weise und Ausdehnung zu haften, wie es in einheitlichen Kirchgemeinden des Kantons nach den allgemeinen gesetzlichen Bestimmungen der Fall ist; mit andern Worten, die Gesammtkirchgemeinde resp. ihre Organe und Güter können nicht für Lasten und Ausgaben in Anspruch genommen werden, die sie nicht berühren und zu deren Dekretirung und Regulirung sie nicht mitwirken; sondern diese Pflichten wie die entsprechenden Rechte fallen als Ergebnisse gewonnener korporativer Selbstständigkeit den betheiligten Korporationen anheim.

4. Die Behauptungen der Mehrheit, dass auch die Städter, wie überhaupt alle Kirchgemeindsgenossen an den Wahlen der Geistlichen der Ausgemeinden sich betheiligen können und dass gar nichts entgegenstehe, dass die Geistlichen des Stadttheils und der Ausgemeinden sich in ihren Verrichtungen ablösen, beruht auf Verkennung der wirklichen Sachlage. Denn § 15 des Gesetzes vom 27. März 1833, § 2 des Gesetzes betreffend die Verhältnisse der Katecheten vom 24. September 1844 und § 206 des Gesetzes betreffend das Kirchenwesen des Kantons Zürich vom 22. August 1861 lassen keinen Zweifel darüber zu, dass den Ausgemeinden

die Wahl ihrer Geistlichen zukommt, und ein Blick auf die jüngste Ausschreibung zur Wahl eines Pfarrers in Wiedikon beweist, dass die Praxis den gesetzlichen Bestimmungen entspricht. Und was den Geschäftskreis der Geistlichen der Gemeinde anbetrifft, so ist er durch dieselben Gesetze in den Hauptzügen normirt und eine unbedingte gegenseitige Ablösung derselben in ihren Amtsverrichtungen anders, als sie auch zwischen Pfarrern ganz getrennter Kirchgemeinden Statt haben kann, erscheint den gesetzlichen Bestimmungen gegenüber als eine Willkür, der sich weder die betreffenden Geistlichen noch die Kirchgenossen zu unterziehen verpflichtet werden können.

5. Wenn nun nach Erwägungen 2—4 der Natur der Verhältnisse nach die allgemeinen gesetzlichen Bestimmungen, welche sich auf die einheitlichen Kirchgemeinden beziehen, auf die Kirchgemeinde St. Peter hinsichtlich des in Frage liegenden Punktes der Leistungspflicht der Gesammtkirchgemeinde nicht angewendet werden können, zugleich aber ein besonderes Gesetz oder ein Beschluss des Grossen Rathes, wodurch diese ökonomischen Verhältnisse regulirt würden, zur Zeit nicht vorhanden ist, noch in Aussicht steht, so bleibt nichts Anderes übrig, als der Weg der Unterhandlungen zu vertragsmässiger Ausgleichung resp. Ausscheidung der Verhältnisse."

Die Ausgemeinden beschlossen aber, gegen diesen bezirksräthlichen Entscheid an den h. Regierungsrath zu appelliren, und hier siegten sie nun mit ihren Anschauungen und Begehren vollständig ob. Der betreffende Entscheid des h. Regierungsrathes vom 3. März 1864 lautet in seiner Begründung und im Dispositiv folgendermaassen:

1. „Der rekurrirte Beschluss der Kirchgemeindeversammlung St. Peter vom 3. Mai v. J. ist nur dann als ungültig aufzuheben, wenn es sich ergiebt, dass durch denselben die Interessen der städtischen Abtheilung der Gemeinde in ungerechter oder unbilliger Weise verletzt werden.

2. Es ist nun zwar richtig, dass dieser Gemeindebeschluss dem Gesammtgemeindegut eine neue Ausgabe überbindet, welche es bisher nicht zu tragen hatte. Ebenso muss zugdgeben werden, dass diese Ausgabe zunächst zur Bestreitung der besondern kirchlichen Bedürfnisse der Ausgemeinden bestimmt ist.

3. Gleichwohl kann darin keine ungerechte oder auch nur unbillige Benachtheiligung der Interessen der Stadtabtheilung gefunden werden, insofern dem Beschlusse keine grössere Tragweite beigemessen wird, als derselbe seinem Inhalte nach hat. Es bilden nämlich die drei Ausgemeinden Enge, Wiedikon und Aussersihl immer noch mit der städtischen Abtheilung eine ungetrennte Kirchgemeinde und die Angehörigen jener Gemeinden haben die gleichen Rechte und Pflichten wie die städtischen Kirchgenossen Die Verhältnisse der Kirchgemeinde, insbesondere der stete Zuwachs der Bevölkerung brachte es mit sich, dass seit Langem für die kirchlichen Bedürfnisse der Ausgemeinden durch besondere Einrichtungen und Bestellung besonderer Geistlicher gesorgt werden musste. Mit Ausnahme der Errichtung und Unterhaltung der Bethäuser wurden bisher alle kirchlichen Ausgaben der Ausgemeinden von der Gesammtgemeinde freiwillig bestritten, obwohl diese Ausgaben mit dem Steigen der Bedürfnisse stets grösser geworden sind. Wenn bei Erlassung des neuen Kirchengesetzes auf diese vermehrten Bedürfnisse besondere Rücksicht genommen und für Befriedigung derselben aus Gründen des öffentlichen Interesses dadurch gesorgt wurde, dass den Geistlichen der Ausgemeinden eine bedeutendere Stellung eingeräumt und denselben grössere Gehalte, als sie bisher hatten, ausgesetzt wurden, so ist damit an der rechtlichen Stellung der Ausgemeinden zur Kirchgemeinde nichts geändert worden. Die Vermehrung der Ausgabe für die ganze Kirchgemeinde, welche die neue gesetzliche Einrichtung mit sich bringt, erscheint gegenüber der Grösse des Kirchengutes und der Steuerkraft der Kirchgenossen nicht als eine erhebliche, bei welcher von einer unbilligen oder drückenden Belastung der Einzelnen gesprochen werden könnte.

4. Der Sanktionirung des Gemeindebeschlusses vom 3. Mai kann die von den Rekurrenten gefürchtete Tragweite nicht beigemessen werden, da selbstverständlich bei dem jetzigen Entscheide die gegenwärtigen Verhältnisse maassgebend sind, eine wesentliche Aenderung der Verhältnisse aber nothwendig auf künftige Entscheide Einfluss haben müsste.

Demnach wird erkennt:
1. Sei das klägerische Begehren um Aufhebung des Beschlusses der Kirchgemeinde St. Peter vom 3. Mai v. J. abgewiesen.
2. Trage Kläger die erst- und zweitinstanzlichen Kosten."

Es dürfte nicht schwer fallen, die Blössen dieses Entscheides darzulegen. Wir glauben uns aber einer Kritik enthalten zu können, denn wenn der Leser unsere historische Darstellung aufmerksam verfolgt hat, so wird er unschwer herausfinden, dass in diesem regierungsräthlichen Rekursalbescheide nicht einmal die thatsächlichen Verhältnisse vollständig und richtig gewürdigt worden sind (s. Erwäg. 3). Wenn wir auch nicht übersehen dürfen, dass hier der Entscheid einer Verwaltungsbehörde vorliegt, die ja auf Zweckmässigkeitsgründe und Billigkeitsrücksichten abstellen darf, so macht sich denn doch das Raisonnement in Erwägung 2 mit dem Anfangssatz von Erwägung 3 etwas eigenthümlich. Ein älteres Mitglied der städtischen Kirchenpflege äusserte kopfschüttelnd, hier heisse es nicht: „Wer befiehlt, zahlt!" sondern: „Wer Geld hat, zahlt! auch wenn er nicht befehlen darf." Wir unsererseits halten zur Stunde noch die Auffassung des Bezirksrathes für die richtige. Der h. Regierungsrath fühlte indess selbst, dass sein Entscheid, wenn er in alle Zukunft unbedingt maassgebend wäre, zu den grössten Ungerechtigkeiten führen würde. Desshalb wurde zur Beruhigung (?) die letzte Erwägung beigefügt. Hiemit soll gesagt werden, dass die Steuerkraft der Gesammtgemeinde nur für die jetzigen Bedürfnisse, nicht aber etwa für eine Pfarrhausbaute in einer Ausgemeinde oder irgend eine andere ausserordentliche Ausgabe in Anspruch genommen werden könne.

In der Petrinischen Gemeinde hatte man dem schliesslichen Entscheid dieser seit bald einem Jahre pendenten Angelegenheit mit grosser Spannung entgegengesehen, die Ausgemeinden hatten nun gesiegt und die Stadtabtheilung musste sich nolens volens dem Entscheide fügen; der Gemeindebeschluss vom 3. Mai 1863 blieb also in Kraft bestehen und demzufolge erkannte die Gesammtkirchenpflege unterm 21. April 1864:
1. Die 1862 den Ausgemeinden gemachten Vorschüsse von 2100 Frkn. sind (soweit nicht die in der Rechnung von 1862 bereits aufgeführten Beiträge in Ab-

rechnung fallen) in der laufenden Rechnung von 1864 in Ausgabe zu bringen.
2. Die Leistungen für 1863 werden in heutiger Sitzung festgesetzt, —
3. ebenso die Leistungen für 1864, welche halbjährlich auf Ostern und auf Kirchweih zu machen sind.

Es wurde dann auch der Sigristengehalt in Wiedikon (schon für 1864) von 100 Frkn. auf 150 Frkn. erhöht und die Miethzinsentschädigung für den Pfarrer in Aussersihl von 500 Frkn. auf 580 Frkn.

Die Erhebung einer Kirchensteuer schien dagegen vor der Hand noch nicht nöthig.

Zweites Kapitel.

Die Stellung der St. Petrinischen Stadtabtheilung seit dem Rekursalbescheid vom 3. März 1864 gegenüber den Ausgemeinden. Rückschläge im Kirchengut.

Das neue Kirchengesetz und der erwähnte Rekursalbescheid des h. Regierungsrathes haben eine ganz anomale, für die St. Petrinische Stadtabtheilung im höchsten Grade und auf die Dauer unerträgliche Situation geschaffen. Die gegenwärtige und faktische Stellung der Stadtabtheilung gegenüber den Ausgemeinden ist folgende:
1. Die Ausgemeinden wählen ihre Geistlichen frei und selbstständig; die St. Petrinische Stadtabtheilung hat kein Wahlrecht, nicht einmal den Helfer, der doch ausschliesslich ihre Jugend unterrichtet, kann sie allein wählen; das Wahlrecht beider Geistlichen steht der Gesammtgemeinde zu, in welcher die Stimmberechtigten der drei Ausgemeinden die grosse Mehrzahl bilden. Diese Letztern, die gar kein direktes Interesse haben, die vielleicht gar nie oder höchstens an den h. Festtagen die Mutterkirche besuchen, können also möglicher Weise bei einer Wahl den Ausschlag geben. (Wir ziehen hier nur die logische Konsequenz, um die Verkehrtheit der gesetzlichen Bestimmung für die Jetztzeit zu zeigen. Früher war diese Wahlart durchaus gerechtfertigt.)

2. Es besteht ein für alle Theile gemeinschaftliches Kirchengut, dieses haftet unbedingt auch für alle Separatbedürfnisse der Ausgemeinden. Die Stadtabtheilung hat keine Separatbedürfnisse; die drei Ausgemeinden haben seit dem Jahre 1862 vermehrte kirchliche Auslagen, welche alle das Kirchengut bestreitet.
3. Was ein kirchliches Bedürfniss sei und wie hoch sich eine diessfällige Ausgabe belaufen dürfe, bestimmt zwar formell die Gesammtkirchgemeinde auf den Antrag der Gesammtkirchenpflege, faktisch aber entscheiden hierüber einzig und allein die Ausgemeinden, da sie die Mehrheit der Kirchgenossen repräsentiren und aus gemeinschaftlichem Interesse jeweilen sich alliiren.
4. Die Stadtabtheilung mit ihrem grossen Steuerkapital kann genöthigt werden, eine Kirchensteuer zu entrichten zur Deckung eines Defizits im Stammkapital des Kirchenguts, beziehungsweise zur Bestreitung von Auslagen der Ausgemeinden, an denen sie in keiner Weise betheiligt ist und zu deren Regulirung sie kein Wort mitzureden hat (Steuerpflicht ohne entsprechendes Stimmrecht).
5. Die Ausgemeinden haben eigene Kapellen und besondere Bethausfonds Die Petrinische Stadtabtheilung besitzt kein ihr ausschliesslich zugehöriges gottesdienstliches Lokal und auch kein Separatkirchengut. (Sie ist auch, wie wir oben gezeigt haben, von dem Miteigenthum an dem allgemeinen städtischen Kirchengut ausgeschlossen.) Die Bethausfonds haben aber im Laufe der Zeit den Charakter von eigentlichen Separatkirchengütern[32]) angenommen; denn ausser den Zinsen flossen ihnen zu die Beiträge des Gesammtkirchengutes, Legate, Festalmosen und sogar Einzugsgebühren von Neubürgern und aus allen diesen Einnahmen zusammen wurden dann die sämmtlichen kirchlichen Separatbedürfnisse der Ausgemeinden (nicht bloss der bauliche Unterhalt der Kapellen) bestritten.
6. Die Ausgemeinden bilden eigene politische Gemeinden,

---

[32]) Es ist namentlich auch dieser Punkt von dem Regierungsrath in seinem Entscheid ganz ignorirt worden.

wodurch ihre Stellung gehoben wird; die Petrinische Stadtabtheilung ist gar nichts, weder eine politische noch eine Kirchgemeinde.

Wo in der ganzen Schweiz ist etwas Aehnliches zu finden? Hätte eine einzige Landgemeinde unsers Kantons sich eine solche Behandlung durch den Gesetzgeber und durch die Behörden gefallen lassen? Wenn aber, wie wir ja wohl wissen, der Grund dieser Anomalie in historischen Eigenthümlichkeiten der Kirchgemeinde liegt, warum sollen denn diese historischen Grundlagen nur für den einen Theil als Hemmschuh fortbestehen, den Ausgemeindern aber die volle Entwicklung des Gemeindelebens durch mannigfache Begünstigungen des Gesetzgebers zu Theil werden?

Es will uns scheinen, dass bei Berathung des Kirchengesetzes im Schoosse des Grossen Rathes von Seite der damaligen städtischen Mitglieder nicht die richtige Stellung eingenommen worden sei. Entweder hätten sie darauf dringen sollen, die Verhältnisse in statu quo zu belassen oder dann, sofern eine gänzliche Trennung noch nicht beliebte, mindestens auch für die Stadtabtheilung eine gewisse Selbstständigkeit zu erwirken.

Ist nun aber die Lage der drei Ausgemeinden, genauer betrachtet, eine beneidenswerthe? Keineswegs. Vorerst ist die Stellung ihrer Geistlichen noch lange nicht diejenige, die sie mit Recht beanspruchen können, und es muss für diese ein schmerzliches Gefühl sein, dass sie gerade das Erhabenste und Heiligste, nämlich das Sakrament des Abendmahls, ihren Pfarrkindern in ihren Bethäusern nicht reichen dürfen, während ihnen doch sonst alle geistlichen Funktionen und wahrlich eine kaum zu bewältigende Geschäftslast obliegt. Das Schlimmste aber ist, dass das kirchlich religiöse Leben, das gerade in den Vorstädten Zürichs so sehr der Pflege bedarf, nicht genügend erstarken kann und auch nie recht gedeihen wird, bis einmal diese Ausgemeinden, gleich Neumünster, ihre volle kirchliche Selbstständigkeit und genügende kirchliche Lokale erlangt haben. Wir haben für jeden Unbefangenen klar genug hervorgehoben, dass die Anomalien die wir oben so scharf skizzirten, keineswegs den Ausgemeinden, sondern wesentlich dem Kirchengesetz von 1861 zur Last fallen. Wenn aber ein Vorwurf nicht ohne Grund den Ausgemeinden gemacht werden darf, so ist es der, dass sie in der That bis jetzt immer die ökonomischen Interessen voran und die kirchlichen Interessen hintan gestellt haben. Freilich wer die schwierigen und fast erdrückenden Gemeindeverhältnisse von Aussersihl kennt, wird diese Gemeinde von jedem Vorwurf freisprechen; dagegen befinden sich Wiedikon und namentlich die wohlhabende Gemeinde Enge durchaus nicht in dieser Lage, und manche arme Landgemeinde des Kantons hat durch grossartige Opfer für Kirchen, Pfarrhäuser und Schullokalitäten diese Vorstädte Zürichs in den Schatten gestellt. Indessen gewinnt doch auch hier die Ueberzeugung dessen, was wirklich Noth thue, immer mehr Boden.

Auch die Stellung der Gesammtkirchenpflege ist keine würdige und richtige. Während es vorzugsweise Aufgabe der Kirchenbehörde ist, kirchliche Dinge zu berathen, für die sittliche Hebung der Gemeinde besorgt zu sein und für allgemeine religiöse Interessen sich zu erwärmen, so war hingegen die St. Petrinische Kirchenpflege eine rein ökonomische Verwaltungsbehörde, die bloss dem gemeinsamen Kirchengut ihre Aufmerksamkeit schenkte. Und auch da musste nun seit dem so oft erwähnten Rekursalentscheid mit der grössten Vorsicht und Zurückhaltung verfahren werden. In der Stadt wären ebenfalls manche kirchliche Bedürfnisse zu befriedigen gewesen (z. B. eine Beheizung der Kirche); man verzichtete indessen lieber, als dass man das Kirchengut noch mehr hätte belasten wollen. Die städtischen Mitglieder glaubten überhaupt, es liege im allseitigen Interesse, so lange der Gesammtverband noch fortbestehe, der gemeinsamen Oekonomie möglichst Sorge zu tragen. Vielleicht verfuhr man dabei nur allzu ängstlich; in den Ausgemeinden aber wurde dadurch die irrige Ansicht erzeugt, man missgönne ihnen, was ihnen doch von Rechts wegen gebühre. Der Vollständigkeit halber erwähnen wir noch, dass mit Zuschrift vom 17. April 1865 die Separatkirchenpflege Wiedikon verlangte, die Gesammtkirchenpflege möge die Miethzinsentschädigung einstweilen auf 1000 Frkn. erhöhen und das Bedürfniss nach Erstellung einer Pfarrwohnung in Berathung ziehen. Die Kirchenpflege trat jedoch hierauf nicht ein, sondern sprach bloss die Zusicherung aus, dass man mit der Miethzinsentschädigung höher gehen werde, sobald die Verhältnisse des Geistlichen diess erheischen.

Und wie verhielt es sich nun mit dem Kirchengut?

Während noch im Jahre 1856 die Summe der Ausgaben bloss 10,087 Frkn. 75 Rpn. bstragen hatte und der Vermögensbestand am 31. Dezember jenes Jahres 218,987 Frkn. 83 Rpn. zeigt, so beliefen sich 1865 die Ausgaben (hauptsächlich in Folge jener Leistungen an die Ausgemeinden) auf 20,091 Frkn. 44 Rpn., in den Jahren 1866 und 1867 auf etwas mehr als je 14,000 Frkn., im Jahre 1868 aber in Folge ausserordentlicher Bauten und einer neuen Kirchhofanlage in Wiedikon auf 23,547 Frkn. 70 Rpn.

Die Beiträge an die kirchlichen Bedürfnisse der Ausgemeinden (früher 700 Frkn.) betrugen:

1864, d. h. in der Rechnung von 1864
    für 1862—1864 . . . . . . Fr. 7080. —
und sodann:
    1865 . . . . „ 2905. —
    1866 . . . . „ 3120. —
    1867 . . . . „ 4225. —
    1868 . . . . „ 3725. —
    1869 . . . . „ 3725. —

Der Vermögensbestand des Kirchengutes zeigt folgende rückgängige Bewegung:

    1865 . . . Frkn. 216,137. 09 Rpn.
    1866 . . .   „   215,301. 11 „
    1867 . . .   „   213,223. 90 „
    1868 . . .   „   201,738. 65 „
    1869 . . .   „   195,309. 55 „

Der Jahresrückschlag Ao. 1868 war also bereits 11,485 Frkn. 25 Rpn. und 1869 Frkn. 17,914. 35 Rpn.

Im April 1869 wurde bei Berathung und Festsetzung des Büdget für das Jahr 1870 die erste Kirchensteuer à 30 Rpn. per 1000 Frkn. beschlossen und im Jahr 1870 auch wirklich bezogen. Das ganze steuerbare Vermögen der sämmtlichen Kirchgenossen der Gesammtgemeinde, inbegriffen den Steuerertrag von Mann und Haushaltung, wurde zu 100 Millionen Franken geschätzt und demgemäss der Steuerertrag zu 30,000 Frkn budgetirt. Mit dieser Summe sollte das Gleichgewicht in den Einnahmen und Ausgaben wieder hergestellt werden Abgesehen von den Rückschlägen im Kapitalbestand des Kirchengutes hatten jene zwei ausserordentlichen Ausgaben, die Erweiterung des Kirchhofes in Wiedikon und die Herstellung neuer Fenster in der St. Peterskirche ca. 10,000

Franken gekostet. Unter diesen Umständen durfte mit der Erhebung von Steuern nicht länger zugewartet werden.

Vom Jahr 1870 an gestaltet sich die Sache noch ungünstiger, weil die neue Verfassung die Niederlassungsgebühren aufgehoben und dadurch eine Einnahmsquelle beseitigt hat.

Unter den oben geschilderten Verhältnissen musste an die städtische Abtheilung der Kirchenpflege die Frage herantreten, ob sie nicht auf eine Trennung von den Ausgemeinden hinwirken solle. Eine engere Kommission von fünf Mitgliedern berieth diese Frage im Zuzug von einigen angesehenen Kirchgenossen. Mit Ausnahme einer einzigen Stimme war man allseitig einverstanden, dass es eben so wünschbar als nothwendig sei, in der geeigneten Weise auf dieses Ziel hinzusteuern; dagegen fühlte man, dass die Initiative zu einer Trennung eigentlich von den Ausgemeinden ausgehen müsse, dass durch die Erhebung zu selbstständigen Kirchgemeinden für die städtischen Kirchgenossen auch Kirchensteuern nothwendig werden und dass die ganze Angelegenheit so schwieriger und delikater Natur sei, dass ein rasches und einseitiges Vorgehen kaum zum Ziele führen dürfte. Es wurde daher in der städtischen Kirchgemeindsversammlung vom 7. Mai 1865 in Verbindung mit der Mittheilung über den Ausgang des Rekurses ein kurzer Bericht über die Sachlage und die Berathungen jener Spezialkommission erstattet und hieran der Antrag geknüpft und von der städtischen Gemeinde zum Beschlusse erhoben, es sei die Kirchenpflege St. Peter Stadttheil bevollmächtigt, in der ihr geeignet scheinenden Weise die Trennung der Stadtabtheilung von den Ausgemeinden anzubahnen und hierüber zu passender Zeit der städtischen Kirchgemeinde Bericht und Antrag zu hinterbringen. Durch diesen absichtlich so allgemein formulirten Beschluss hatte sich die städtische Pflege zum voraus der Zustimmung ihrer Kommittenten versichert, ohne doch in der Art und Zeit ihres Vorgehens irgendwie gebunden zu sein.

Drittes Kapitel.

Die Verhandlungen über ein Ausscheidungsprojekt.

Auf den 12. Juni 1867 wurde zu einer ausserordentlichen Sitzung der Gesammtkirchenpflege eingeladen, und in dieser begründete nun der Verfasser, welcher sich entschlossen hatte, selbst die Initiative zu ergreifen, in einem längern Votum die Nothwendigkeit, die Ausscheidungsfrage einmal ernstlich und zwar direkt durch die Gesammtkirchenpflege an Hand zu nehmen. Wir brauchen hier die Begründung der Motion nicht zu wiederholen, da das vorige Kapitel die wesentlichsten Momente hiefür bereits angeführt hat; aber wir betonen, dass der Motionssteller der Pflege warm ans Herz legte, dass die Ausscheidung nicht etwa bloss der berechtigte Wunsch[43]) der Stadtabtheilung sei, sondern dass sie ebenso sehr im wohlverstandenen Interesse der Ausgemeinden liege; dass die Mutterkirche an h. Festtagen für den gottesdienstlichen Besuch der Gesammtkirchgemeinde längst nicht mehr hinreichen würde, wenn nicht so viele Bewohner der Petrinischen Ausgemeinden auch andere Stadtkirchen, namentlich den Fraumünster, besuchen würden, oder aus Gleichgültigkeit überhaupt wegblieben; dass die Trennung, die ja doch, wie man allseitig einverstanden sei, als der Schlussstein einer historisch angebahnten und durch das Kirchengesetz noch begünstigten Entwicklung kommen müsse, von Jahr zu Jahr schwieriger werde, dass also mit dem Zuwarten nichts gewonnen sei, im Gegentheil die Sache immer nur schwieriger werde. Der Motionssteller wies schliesslich darauf hin, dass vielleicht viele Mitglieder der Kirchenpflege der Sache nur desshalb abgeneigt seien, weil sie vor den Schwierigkeiten der ökonomischen Ausscheidung und der Bewältigung der differirenden Interessen zurückschrecken; dass aber, sobald es gelänge, im allseitigen friedlichen und freundlichen Ein-

---

[43]) Nichts ist verkehrter als jenes Wort, das wir zuweilen aus den Landgemeinden vernehmen mussten: die Mutter wolle ihre Töchter verstossen. Die Stadtabtheilung will nichts Anderes, als was die drei Ausgemeinden bereits besitzen, nämlich das Recht, ihre Geistlichen selbst zu wählen und Meister im eigenen Hause zu sein.

verständnisse ein Ausscheidungsprojekt auszuarbeiten, eine Hauptschwierigkeit gehoben wäre. Man sollte also doch wenigstens den Versuch wagen; dadurch binde sich ja noch Niemand die Hände für einen dereinstigen definitiven Entscheid; gerade in der Stellung einer kirchlichen Behörde aber liege es, den friedlichen Weg der Verständigung zu betreten. Dass wir von den Staatsbehörden nichts zu erwarten hätten, habe die jüngste Vergangenheit sattsam gezeigt; man thue also am besten, sich selbst zu helfen, und nichts wünsche der Motionssteller sehnlicher, als dass nicht dereinst kostspielige Prozesse eine Frage entscheiden, welche wir selbst lösen können Der Redner beantrage daher Erheblicherklärung seiner Motion und Niedersetzung eines Ausschusses zur nähern Prüfung der Frage.

In der nun folgenden Diskussion wurde die Motion bloss von zwei Mitgliedern prinzipiell bekämpft, von mehreren andern lebhaft unterstützt, von dritten endlich die gute Absicht vollständig anerkannt und bemerkt, dass, wenn man auch zur Zeit noch gegen Trennung sei, man jedenfalls keinen Grund habe, der Motion entgegenzutreten. Dieselbe wurde also mit überwiegender Mehrheit erheblich erklärt.

Der betreffende Beschluss lautet wörtlich also:
„Die Gesammtkirchenpflege St. Peter
in Berücksichtigung,
dass es im Interesse sowohl der Gesammtkirchgemeinde als der einzelnen vier Bestandtheile derselben liegt, die Frage einer künftigen Ausscheidung resp. Trennung einer allseitigen und gründlichen Prüfung zu unterwerfen und sich namentlich eventuell und vorläufig über die Art und Weise der Ausführung zu verständigen,
beschliesst:
Es wird eine Kommission von fünf Mitgliedern niedergesetzt, mit dem Auftrag, diese Frage einer allseitigen Prüfung zu unterwerfen und darüber später der Gesammtkirchenpflege bestimmte Vorlagen zu machen."

In diese Kommission wurden sofort gewählt die Herren Professor G. v. Wyss als Präsident, Benninger-Biedermann für Enge, Bethausgutsverwalter Wydler für Wiedikon, Dr. Hauser für Aussersihl und der Verfasser für die Stadtabtheilung.

Im Winter 1867 auf 1868 hielt nun dieser Ausschuss eine Reihe von Sitzungen und unterbreitete sodann im Sommer

1868 der Gesammtkirchenpflege die detaillirt ausgearbeitete und motivirte Vorlage eines eventuellen Ausscheidungsprojektes. Dieses wurde in mehreren längeren Sitzungen der Gesammtkirchenpflege durchberathen und schliesslich so festgesetzt und angenommen, wie es ins Kirchenprotokoll vom 8. Dezember 1869 niedergelegt ist.

Bevor wir das Ergebniss dieser Verhandlungen mittheilen, heben wir absichtlich die wichtigsten Punkte aus den Berathungen der Kommission und der Gesammtkirchenpflege hervor, damit die Leser und insbesondere die werthen Kirchgenossen, für welche ja unsere Arbeit vorzugsweise bestimmt ist, genau wissen, auf welchem Wege und durch welche Gesichtspunkte geleitet man zu den betreffenden Anträgen und Ansätzen gelangt ist. Die Kommission einigte sich vorerst auf folgendes Fragen-Schema, welches ihr von dem Verfasser vorgelegt wurde und welches unter drei Hauptgesichtspunkten die sämmtlichen ökonomischen und rechtlichen Fragen subsumirte, die in Erörterung gezogen werden mussten:

I. Was soll getheilt werden? mit andern Worten, welche Objekte kommen auf das Theilungs-Inventar?

A. Aktiven. *B.* Passiven.

II. Auf welche Grundlage hin soll getheilt werden?

a.) Ist bei der Berechnung des Antheils jeder einzelnen Separatgemeinde die Seelenzahl der evangelisch reformirten Bürgerschaft oder diejenige der reformirten Einwohner maassgebend?

b.) Soll für die Zählung der betreffenden Seelenzahl sowie für die Schätzung der Liegenschaften ein bestimmter Zeitpunkt der Berechnung festgehalten werden und eventuell welcher?

III. Welches Verfahren soll bei der Ausscheidung beobachtet werden?

IV. Weitere Behandlung der Angelegenheit.

Man war sodann auch darüber einverstanden, dass das ganze Projekt nur ein eventuelles sei, d. h. die Frage der Trennung selbst in keiner Weise präjudiziren dürfe. Das zu vereinbarende Programm soll bloss die **maassgebenden und bindenden Grundsätze** für eine Trennung aufstellen, dagegen bleibt der Zeitpunkt der Ausscheidung, die Schatzung der Vermögensobjekte u. s. f. der späteren definitiven Vereinbarung der Gemeinde, beziehungsweise der einzelnen vier Separatgemeinden überlassen; es können aber nicht an den Bestandtheilen des Inventars selbst wieder Aenderungen vorgenommen werden, so dass etwa die eine Gemeinde sagen würde, dieses oder jenes Aktivum gehöre nicht auf das Theilungsinventar, während die anderen dessen Berücksichtigung verlangen, oder es dürfte nicht ein verschiedener Abstimmungsmodus in den einzelnen Gemeinden stattfinden. Also über die prinzipiellen Fragen wollte und konnte man sich verständigen. Ohne eine solche maassgebende Grundlage würde eine friedliche Ausscheidung nie möglich sein.

Die erste Hauptrubrik behandelt also die Frage: **Was soll getheilt werden?** oder mit andern Worten: **welche Objekte gehören auf das Theilungsinventar?** — Dabei sind zu unterscheiden Aktiven und Passiven. Hier war man sofort einverstanden, dass die sämmtlichen Kapitalien des Kirchengutes sowie die gemeinschaftlichen Liegenschaften sammt deren Pertinenzen die Aktiven bilden. Verschiedenheit der Ansichten waltete nur über die Schätzung der Mutterkirche und der Kirchhöfe. Der Vertreter der Stadtabtheilung glaubte, dass die St. Peterskirche nicht geschätzt, beziehungsweise von der Stadtgemeinde zu irgend einem Schätzungswerth ausgekauft werden müsse, dass aber allerdings der Vortheil, den die Muttergemeinde hiedurch geniesse, in anderer Weise, z. B. durch höhere Werthung des Pfarr- und Helfereigebäudes oder durch ein anderweitiges Aequivalent, von welchem wir unten noch reden werden, den Ausgemeinden in billige Anrechnung gebracht werden solle. Diese Ansicht wurde damit begründet, dass gar nirgends, wo ähnliche Trennungen stattgefunden (Stift Grossmünster, Ottenbach[44]), oder Neubildung von Töchtergemeinden, z. B. in Berlin) die Mutterkirche von der alten Stammgemeinde angekauft werden musste, sondern derselben unbelastet blieb, während alles andere Vermögen nach bestimmten Grundsätzen vertheilt wurde; dass die Stadt in Zukunft die alleinige Last der Unterhaltung übernehme, also keineswegs nur gewinne; dass die Ausgemeinden

---

[44]) Ueber die Trennung Obfeldens von Ottenbach vergl. Vogel, Memorabilia tigurina. Bd. III, S. 408 ff.

bereits Bethäuser besitzen, welche gar nicht in Anrechnung fallen (denn dieselben erscheinen, mit Ausnahme der Schaale des Bethauses Aussersihl, nicht auf dem Theilungsinventar und verbleiben ihren resp. Gemeinden unbeschwert) und dass die Ausgemeinden, wenn sie dereinst zum Bau neuer Kirchen schreiten, hiezu Staatsbeiträge erhalten werden, während die Stadtabtheilung, wenn sie die Kirche der Gesammtgemeinde abkaufen müsse, hiezu vom Staat keinen Rappen erhalte. Dem gegenüber wurde aber von den Repräsentanten der Ausgemeinden hervorgehoben, dass die Kirche eben doch das werthvollste Aktivum des Kirchengutes und die Lage der Muttergemeinde, die kein neues Gotteshaus mehr bauen müsse, eine günstige sei, dass man in den Ausgemeinden nie zu einem Projekt Hand bieten würde, welches die Mutterkirche ohne Anrechnung der Stadt überliefern würde. Eine Vereinbarung über diesen Punkt wurde in der Kommission nicht erzielt, sondern derselbe der Pflege zum Entscheide anheimgestellt, von der Minderheit aber erklärt, dass sie von der Annahme ihrer Anschauung auch diejenige einer weiter unten zu erörternden Bestimmung des der Kirchenpflege vorzulegenden Projektes (Ausgleichungskapital) abhängig mache.

Ueber die Frage einer Schätzung beziehungsweise Anrechnung der Friedhöfe konnte die Kommission sich nur vorläufig und mit Rücksicht auf die eben erwähnte besondere Bestimmung des Projektes (Ausgleichungskapital) einigen und zwar in dem Sinne, dass eine solche Schätzung der Friedhöfe nicht stattfinden, sondern dieselben einfach den betreffenden Gemeinden in natura ohne weitere Aus- und Anrechnung zufallen sollen; also diejenigen von Enge und Wiedikon je an ihre Gemeinden, derjenige von St. Jakob an Aussersihl und die Stadtabtheilung gemeinschaftlich und derjenige von St. Anna an die Stadt.

Unter dem Titel „Passiven"[55]) erscheint ein Pfrundkapital von Frkn. 100,000. Die Besoldung der beiden Herren Geistlichen ruht bis jetzt auf dem Kirchengut. Sobald

---

[55]) Ob diese Bezeichnung zweckmässig gewählt sei, lassen wir hier unerörtert. Sie war die einfachste und verständlichste und wir haben oben (S. 42) gesehen, dass die frühern Kirchengutsrechnungen bis zum Jahr 1832 die Pfrundgüter als „Passivum" aufführten.

nun aber die Gesammtgemeinde rechtlich zu existiren aufhört, so wird diese Last ausschliesslich den Stadttheil treffen; denn die Pfarrer der Ausgemeinden werden vom Staate besoldet und die zwei Herren Geistlichen der alten grossen Gesammtgemeinde werden nun auch rechtlich zu Seelsorgern der Stadtgemeinde. Um dieses Verhältniss für die Zukunft zu reguliren, lässt sich nun ein doppelter Weg denken: entweder man gelangt an den Staat mit der Bitte, er möge in Zukunft auch bei St. Peter wie bei jeder andern Kirchgemeinde des Kantons die Besoldung der Geistlichen übernehmen, oder man scheidet selbst ein bestimmtes Pfrundkapital aus. Der erste Weg wäre keineswegs empfehlenswerth; der Staat würde und könnte auf ein solches Gesuch gar nicht eintreten und dürfte diess jedenfalls nur unter der Voraussetzung, dass ihm zuerst das ganze Pfrundkapital, das der Spital und die Domänenkasse früher (s. oben Abschn. III. Kap. 3) an die St. Petersgemeinde ausbezahlt haben, wieder zurückerstattet würde. Vielleicht würde dann auch noch Anderes in Anrechnung gebracht. Es ist also richtiger und für die Gemeinde ökonomisch vortheilhafter, wenn, bevor zu einer Theilung des gemeinschaftlichen Kirchengutes geschritten wird, das darin ebenfalls enthaltene Pfrundgut ausgeschieden und dem künftig allein belasteten Theil zugewiesen wird. Hier lässt sich nun wieder eine doppelte Art der Ausmittlung denken. Entweder man untersucht historisch genau, wie gross die sämmtlichen Pfrundgüter gewesen seien, oder man setzt in Bausch und Bogen eine gewisse runde Summe fest, welche dem Bedürfniss genügt und ungefähr jenen ältern Pfrundkapitalien beziehungsweise kapitalisirten Gefällen entspricht. Die Kommission wählte diesen zweiten Weg als den einfachern. Wir wollen indessen hier versuchen zu zeigen, zu welchem Resultate man annähernd auf dem historischen Wege gelangen würde, indem wir aus den Kirchengutsrechnungen die betreffenden Summen entnehmen und zusammenzählen. Wie wir oben (Abschn. III. Kap. 2) mitgetheilt haben, hatte die Gemeinde im Jahre 1835 beschlossen, es sollen die laut Gesetz höher zu fixirenden Besoldungen der beiden Herren Geistlichen, des Sigristen und des Todtengräbers wie alle übrigen Besoldungen, für welche keine besondern Pfründen oder Kompetenzen bestanden, künftig vom Kirchengut entrichtet werden, dafür aber ins Kirchengut fallen:

a. Der bisher vom Kirchengut an jene Pfründen schuldige Betrag (incl. abgelöste Leistungen des Staates) von . . . . . . fl. 35,457. 14 Schill. 3 Hlr.

b. Der kapitalisirte Betrag der bisher noch bestehenden direkten Einkünfte jener Pfründen bei Ablösung derselben (A°. 1835) . „ 2,850. 29 „ — „

c. Der Werth der noch vorhandenen, nun zu verkaufenden Pfrundreben in Höngg, Rüschlikon u. s. f.⁵⁶) circa 4 Jucharten . . . . . „ 5,006. — „ — „

Summa fl. 43,314. 3 Schill. 9 Hlr.

Man kann also sagen, dass das Kirchengut durch obiges Verfahren um 43,314 fl. = 101,062 Frkn. n. W. vermehrt worden ist.

Wenn aber berücksichtigt wird, dass das Gesetz von da an die Besoldungen der Geistlichen, auch so weit sie über dem frühern Ertrage des Pfarr- und Diakonats-Pfrundfonds standen, dem Kirchengut unbedingt auferlegt hat, so wird als Maassstab der Ausrichtung nicht jenes frühere Pfrundgut, sondern billiger Maassen ein entsprechender Mehrbetrag als „Pfrundfond" vor Vertheilung des Kirchengutes von demselben ausgeschieden werden müssen. Die Besoldungen der beiden Herren Geistlichen betragen jetzt jährlich zusammen 5000 Frkn., was allein schon einem Kapital von 100,000 à 125,000 Frkn. gleichkommt. Dabei ist nun die Besoldung des Sigristen (jetzt 1000 Frkn.) und diejenige des Todtengräbers nicht eingerechnet. Man wird daher den Ansatz von 100,000 Frkn. als Pfrundkapital immerhin einen sehr bescheidenen heissen müssen, da man auf dem streng historischen Weg zu einem Pfrundgut von mindestens 110—120,000 Frkn. n. W.⁵⁷) gelangen würde.

---

⁵⁶) Diese Summe ergiebt sich aus den Kirchengutsrechnungen von 1836, 1837, 1838, 1839 und 1842, wo unter den Einnahmen jeweilen ein Posten „Erlös der verkauften (Pfrund-) Reben in Höngg, Rüschlikon, Küssnacht und im Schmelzberg erscheint, deren Addition obige Summe herstellt.

⁵⁷) Bei Berücksichtigung des frühern Geldwerthes gegenüber dem jetzigen wohl noch höher.

Ungeachtet nach dieser Erörterung der Vertreter der Stadtabtheilung mit vollem Rechte auf ein grösseres Pfrundkapital (auf 110—120,000 Frkn.) hätte Anspruch machen können, erfolgte dennoch von Seite des Kommissionsmitgliedes von Wiedikon ein Antrag, das auszuscheidende Pfrundkapital nur auf 50,000 Frkn. anzusetzen. Der Antragsteller glaubte diess damit begründen zu können, dass das Verhältniss der Bevölkerung der Ausgemeinden zur Stadtabtheilung eine solche Reduktion beziehungsweise die Dotation nur eines Geistlichen, der vielleicht (?) genügen könnte, rechtfertige.

Theils um diese unbegreifliche aber beharrliche Einsprache zu heben, theils um über das streitige Verhältniss der Kirchhöfe die oben berührte Verständigung zu erzielen und auch die Frage betreffend die St. Peterskirche einer Erledigung im Sinne ihres Wegfalls aus dem Theilungsinventar entgegenzuführen, brachte dann das Präsidium den Gedanken auf die Bahn, den Ausgemeinden als Gegenkonzession für ihre Einwilligung in diesen Punkten eine Entschädigung dadurch zu gewähren, dass ihnen bei einer Ausscheidung ein gewisses Kapital im Voraus verabfolgt würde, dessen Zinse gleichsam als Aequivalent der bisherigen Leistungen des Kirchengutes an ihre besondern kirchlichen Bedürfnisse angesehen werden könnten, obwohl ihnen ein wirklicher Anspruch hierauf bei Theilung des gemeinsamen Gutes durchaus nicht zustehe. Die Kommission gieng auf diesen Gedanken, dessen ebenerwähnte Voraussetzungen von dem Urheber desselben als bestimmte Bedingung einer solchen Konzession bezeichnet wurden, ein und beschloss, in diesem Sinne einen solchen besondern zweiten Posten unter die „Passiven" mit der Bezeichnung „Ausgleichungskapital für die Ausgemeinden" aufzunehmen. Der Betrag desselben wurde mit Rücksicht auf die bisherigen Bedürfnisse der Ausgemeinden ebenfalls auf 100,000 Frkn. angesetzt.

Die zweite Rubrik behandelt die Frage: **auf welche Grundlage hin soll getheilt werden?**

Das zur Stunde noch geltende Gesetz betreffend das Gemeindewesen vom 25. April 1866 (N. O. S. XIII. 591) sagt in § 165: „Die Gemeindegüter sind ausschliessliches Eigenthum der Bürgergemeinde." In Absatz 2 werden dann auch die Kirchengüter erwähnt. Aus ihrem Ertrag sollen die Ausgaben für den öffentlichen Gottesdienst bestritten werden. Da also die Bürgergemeinde als juristische Person Eigenthümerin dieser Güter ist, so kann, wenn es sich um Theilung handelt, für die Berechnung der Quoten der einzelnen Antheilhaber nur die Seelenzahl der (reformirten) Bürgerschaft den Maassstab der Proportion abgeben, wie diess auch bei frühern ähnlichen Vorgängen der Fall war.

Der dritte Abschnitt erörtert die Frage: **welches Verfahren soll bei der Ausscheidung beobachtet werden?** Da indessen die damaligen Voraussetzungen heute nicht mehr ganz zutreffen, so sehen wir uns nicht veranlasst, auf diesen Theil des Programms näher einzutreten.

In den Berathungen der Gesammtkirchenpflege, welcher diese Ergebnisse der Kommissionalverhandlungen vorgelegt wurden, fanden vorzüglich die gleichen Punkte weitläufige Erörterung, welche schon die Kommission wesentlich beschäftigt hatten. Die Kirchenpflege erklärte sich zunächst im Abschnitt I. A. für den Grundsatz der Aufnahme der St. Peterskirche und der Friedhöfe (erstere in billiger Schatzung) ins Theilungsinventar, womit auch die Voraussetzungen dahinfielen, auf welchen der Vorschlag betreffend das sog. Ausgleichungskapital für die Ausgemeinden von Seite der Kommission beruht hatte. Da dessenungeachtet letzteres von einem Mitgliede der Kirchenpflege doch auch noch beansprucht werden wollte, so liess sich die Pflege über diesen Punkt ein nachträgliches schriftliches Gutachten von der Kommission erstatten. Dasselbe, schliesslich einstimmig von der Kommission hinterbracht, beantragt:

„Es sei das sog. Ausgleichungskapital von Frkn. 100,000 für die löbl. drei Ausgemeinden gänzlich zu streichen."

Die Motive lauten also:
1. Jenes Ausgleichungskapital von 100,000 Frkn. war nach dem ursprünglichen Kommissionalprogramm ein Aequivalent dafür, dass die St. Peterskirche und der Kirchhof St. Anna nicht auf das Theilungsinventar gesetzt wurden, sondern dem Stadttheil ohne direkte Anrechnung zufallen sollten. Da nun nach dem Beschluss der Gesammtkirchenpflege vom 22. Brachmonat sämmtliche unter I. A. aufgezählten Aktiven geschätzt und zu einem bestimmten Werthansatz auf das Theilungsinventar fallen sollten, so fällt die Voraussetzung weg, unter welcher jenes Anerbieten eines solchen Ausgleichungskapitals von Seite des Präsidiums und des

städtischen Abgeordneten in der Kommission gemacht wurde, und die Aenderung in Ziffer I. litt. *A.* zieht daher nothwendig auch eine Aenderung von litt. *B.* (Passiven) nach sich.

2. Die Kommission hat sich indessen die weitere Frage vorgelegt, ob nicht die bisherigen Miethzinsentschädigungen an die drei Ausgemeinden kapitalisirt werden sollen. Bei näherer Prüfung der Sachlage ergab sich aber, dass alsdann auch ein entsprechender Miethzins für die beiden Herren Geistlichen des Stadttheils kapitalisirt werden müsste; denn da bei einer Ausscheidung das Pfarrhaus und die Helferei auf das Theilungsinventar gesetzt und von der Stadt an Zahlungsstatt übernommen werden müssen, so befindet sich letztere im Momente der Theilung ganz in der gleichen Lage wie die Ausgemeinden, d h sie besitzt keine Pfarrwohnungen. Die jährliche Miethzinsentschädigung für die drei Ausgemeinden beträgt in runder Summe 3000 Frkn. Diess wäre das Minimum, das für die beiden Herren Geistlichen des Stadttheils gerechnet werden müsste. Der kapitalisirte Betrag (à 4 % = 75,000 Frkn. stände sich also gleich und es würde durch einen solchen Ansatz für die Ausgemeinden nichts gewonnen. Würde man aber den Ansatz für die Stadt erhöhen, was sich in Berücksichtigung der städtischen Miethzinse gar wohl rechtfertigen liesse, so würden die Ausgemeinden nicht nur keinen Vortheil erlangen, sondern eine ziemliche Einbusse erleiden. (Im letztern Fall würden nämlich die drei Ausgemeinden zusammen nicht einmal so viel erhalten, als der Stadtantheil.)

3. Der Standpunkt, sei es die Miethzinsentschädigung allein oder sämmtliche Separatbedürfnisse der vier (neuen) Kirchgemeinden zu kapitalisiren, führt praktisch zu keinem empfehlenswerthen Ergebniss, indem er die Rechnung ausserordentlich verwickelt, ohne dass irgend ein Theil dabei etwas gewinnt. Er steht aber auch im Widerspruch mit dem Prinzip, das die Kirchenpflege am 22. Juni sanktionirt hat und das schon oben sub Nr. 1 erwähnt wurde.

4. Es bilden somit die sämmtlichen Aktiven des Kirchenguts das gemeinsame Theilungsobjekt, von dem einzig

und allein zuerst abgezogen wird das durch die ganz exzeptionellen Verhältnisse der St. Petrinischen Kirchgemeinde bedingte Pfrundkapital von 100,000 Frkn. zur Besoldung der zwei Herren Geistlichen an der Mutterkirche. Dabei wird aber als selbstverständlich angenommen, dass, wenn je (was zwar nicht zu erwarten ist) der Staat ohne weitere Entschädigung von Seite der Stadt, die Besoldung auch dieser Geistlichen übernähme, alsdann dieses Pfrundkapital nicht mehr dem Stadttheil verbliebe, sondern ebenfalls nachträglich noch unter die vier Gemeinden nach den gleichen Grundsätzen wie das Kirchengut vertheilt werden müsste.

Die Gesammtkirchenpflege trat diesen Anschauungen einhellig bei.

Mit Bezug auf Abschnitt II. des Programms verlangte die Kirchenpflege, ebenfalls nach längerer Berathung, ein neues und bestimmtes Gutachten der Kommission. Es erfolgte dasselbe in nachstehendem Sinne:

„Es sind zwei Punkte genau zu unterscheiden:
1. Die Frage, wer bei Behandlung und Annahme eines dereinstigen Ausscheidungsprojektes in den Gemeindsversammlungen mitzusprechen befugt sei,
2. die Frage, nach welchem Maassstab die dereinstige Theilung des Kirchengutes unter den vier Gemeinden zu beantragen resp. zu vollziehen sei?

Nur die zweite dieser Fragen will unser Programm prinzipiell behandeln und ihre Lösung festsetzen. Mit Bezug auf die erstere ist in demselben nichts gesagt, und zwar geschah diess mit vollem Bewusstsein von Seite der Mehrheit der Kommission und es wünscht dieselbe auch jetzt noch, dass hierüber nichts gesagt werde, weil nach ihrer einstimmigen Ansicht diess vollkommen überflüssig wäre. Es kann nämlich nach dem Gesetz über das Gemeindewesen (Art. 15 und 86) nicht der mindeste Zweifel darüber obwalten, dass bei Behandlung und Abstimmung über ein dereinstiges Ausscheidungsprojekt in den Versammlungen der Kirchgemeinden nicht allein die Bürger, sondern alle Niedergelassenen reformirter Konfession mitzurathen und mitzustimmen berechtigt seien. Es ist daher in einem Ausscheidungsprojekte selbst weder nöthig noch passend, hierüber irgend etwas zu sagen, indem jede derartige Bemerkung nur zu einem ganz überflüssigen und schädlichen Zweifel über die nicht zu beanstandende gesetzliche Theilnahme der Niedergelassenen an der schliesslichen Verhandlung über die Ausscheidungsangelegenheit Veranlassung geben könnte.

Ganz anders verhält es sich mit der zweiten der oben berührten Fragen. Einem Ausscheidungs- oder Theilungsprojekte, welches den Gemeinden dereinst in bestimmten Zahlen vorzulegen ist, müssen Grundsätze zu Grunde liegen, welche den Gemeinden angegeben, erläutert und von denselben gebilligt werden können. Die Gesammtheit dieser Grundsätze bildet das **prinzipielle Projekt**, mit dessen Berathung die Behörde jetzt beschäftigt ist, und nach dessen Feststellung erst es möglich sein wird, ein **bestimmtes Theilungsprojekt in Zahlen** aufzustellen, zu berathen und schliesslich den Gemeinden vorzulegen. Unter diesen Grundsätzen nimmt aber natürlich derjenige eine der wichtigsten, wenn nicht die erste Stelle ein, durch welchen bestimmt wird, nach welchem Maassstabe das schliesslich zu theilende Gut unter die vier Antheilhaber zu vertheilen sei. Und hierüber eben will Abschnitt II. Lemma 1 die Regel geben.

Schon in ihrer letzten Berathung sind hierüber sehr verschiedene Ansichten geäussert und namentlich auch der Wunsch ausgesprochen worden, über die Wirkung des einen oder andern Grundsatzes auf das Verhältniss der bei der Theilung entstehenden Quoten am gemeinsamen Gute für die vier Abtheilungen der Gemeinde nähere Aufschlüsse zu erhalten. Zu diesem letzern Behufe hat die Kommission auftragsgemäss zunächst die statistischen Angaben über die Zahl der (anwesenden und abwesenden) Bürger, die Zahl der nicht verbürgerten Grundeigenthümer und die Seelenzahl der gesammten Einwohnerschaft in den vier Gemeindeabtheilungen, wie sich die Zahlen auf 1. Mai 1869 gestalten, eingefordert und daraus die mitfolgende Tabelle zu ihrer Einsicht angefertigt.

1. Was zuerst die Frage der Berechtigung bei der Theilung betrifft, so muss die Kommission bei der Ansicht verbleiben, welche in Abschnitt II. Lemma 1 ihres Protokolls vom 3. Juni 1868 ausgesprochen ist, dass bei Festsetzung des **Maassstabes** für die Theilung gemäss dem Gesetz über das Gemeindewesen vom 25. April 1866 § 165 nur die

Bürgerschaft der betreffenden Gemeinden in Anrechnung fallen könne, da nach diesem Gesetze die Gemeindegüter ausschliessliches Eigenthum der Bürgergemeinden sind, wenn auch ihr Ertrag zunächst zur Deckung der öffentlichen Bedürfnisse bestimmt ist. Von diesem Grundsatze ist man auch in der St. Petersgemeinde unter allseitigem Einverständnisse bei den frühern Theilungen, die auf das Armengut und auf das Schulgut („Neustiftfond") Bezug hatten, ausgegangen. Es spricht somit auch dieser Vorgang für denselben. Die Kommission glaubt daher, es sollte in Uebereinstimmung mit den bestehenden gesetzlichen Vorschriften und im Anschluss an die genannten Präzedenzien auch jetzt wieder als Norm festgesetzt werden, dass als Maassstab der Vertheilung des Kirchengutes zunächst das Verhältniss der Seelenzahl der evangelisch-reformirten Bürgerschaft zu Grunde gelegt werde.

2. Hiebei verkennt die Kommission aber keineswegs, dass eine strikte Anwendung dieses Maassstabes bei der grossen Ungleichheit, die in Bezug auf die Bevölkerungszahl der verschiedenen Gemeinde-Abtheilungen gegenüber ihrer Bürgerzahl existirt, in praxi eine Unbilligkeit erzeugen würde, die jedem Theilungsprojekte, welches jenen Maassstab unbedingt annähme, von vorneherein entschiedene Gegnerschaft zuziehen müsste.

Von der Gesammtzahl stimmberechtigter reformirter Bürger in der St. Petrinischen Kirchgemeinde zählt (nach einer damals zu diesem Zweck angefertigten Tabelle[58]) Aussersihl $15^1/_{10}\%$, Enge-Leimbach $14^4/_{10}\%$, Wiedikon 20% und die Stadtbevölkerung $50^5/_{10}\%$, oder in runder Angabe: Aussersihl $1/_6$, Enge-Leimbach zirka $1/_6$, Wiedikon $1/_5$ und die Stadtabtheilung $1/_2$. In ähnlichem Verhältnisse wird die Seelenzahl der bürgerlichen Bevölkerung der verschiedenen Abtheilungen stehen. Dagegen enthält von der Gesammtbevölkerung reformirter Konfession Aussersihl $30^4/_{10}\%$, Enge-Leimbach $14^3/_{10}\%$, Wiedikon $16^3/_{10}\%$ und St. Peter-Stadttheil $39^1/_{10}\%$, d. h. Aussersihl $1/_3$, Enge-Leimbach zirka $1/_6$, Wiedikon etwas mehr als $1/_6$ und die städtische Abtheilung $4/_{10}$.

Nach diesen Umständen wird es zur billigen Gestaltung

---

[58]) Die Ergebnisse der Volkszählung vom 1. Christmonat 1870, welche wir unten in einer Beilage mittheilen, zeigen ziemlich die gleichen Proportionen.

eines Theilungsprojektes und allseitiger Gutheissung desselben unumgänglich nothwendig sein, den oben festgesetzten Grundsatz in seiner Anwendung durch eine Konzession gegenüber der Gemeinde Aussersihl zu modifiziren. Die Kommission glaubt, zu einer solchen Konzession sei der richtige Weg schon in gewissem Sinne bezeichnet durch diejenigen Vorgänge, die bereits bei den frühern Theilungen vorkamen und zum Ziele der Verständigung führten. Zunächst würde die städtische Abtheilung der Gemeinde dadurch entgegenkommen, dass sie bei Berechnung der maassgebenden Bürgerzahl auf volle Anrechnung ihrer **abwesenden** Bürger verzichte; indem von letztern bloss ein kleiner Theil zur Anrechnung käme, gestalte sich ihr Antheil am Theilungsobjekt geringer. Da sie nach dem einen obiger Verhältnisse $^5/_{10}$, nach dem andern $^4/_{10}$ Anspruch besässe, so ist ohnehin diese Frage nach dem anzuwendenden Maassstab für sie von geringerm Belang als für die drei Ausgemeinden unter einander. Sodann wäre wohl auch von Seite der Gemeinden Enge-Leimbach und Wiedikon ein billiges Entgegenkommen gegenüber der Gemeinde Aussersihl zu erwarten. Auf diesem Wege, glaubt die Kommission, sollte es möglich sein, ein allseitiges Einverständniss zu erlangen, in der Meinung nämlich, dass zunächst obige prinzipielle Grundlage festgestellt, dann aber die faktische Abweichung von derselben aus Gründen der Billigkeit näher berathen und in dem den Gemeinden vorzulegenden Theilungsprojekte in bestimmten, für alle Theile bindenden Zahlen ausgedrückt würde, auf welche gestützt die Gemeinden sich auszusprechen hätten.

3. Von einem ebenfalls geäusserten Gedanken, gleicher Theilung zu je $^1/_4$ unter die vier Abtheilungen der Gemeinde, glaubt die Kommission entschieden absehen und abrathen zu müssen. Derselbe wäre nicht nur ohne alle Präzedenz hier und anderswo, und würde bei der eigenthümlichen Entstehung und Beschaffenheit unseres Kirchengutes fast unausweichlich zu sehr grossen Unbilligkeiten führen, sondern fände auch ohne allen Zweifel bei Vielen so entschiedene Verwerfung, dass unser Ziel: eine gemeinsame Verständigung und friedliche Lösung auf die Länge unhaltbarer Verhältnisse, dadurch von vorneherein unmöglich gemacht würde."

Mit grosser Mehrheit nahm denn die Kirchenpflege auch diese Anträge der Kommission an.

Rücksichtlich des wichtigsten Punktes in Abschnitt III. des Programmes entschied sich die Kirchenpflege dahin, allfällig entstehende Streitigkeiten bei Vollziehung der Trennung nicht vor ein Schiedsgericht, wie die Kommission beantragt hatte, sondern vor die ordentliche Verwaltungsbehörde zu bringen.

Wir haben diese Diskussionen und Beschlüsse absichtlich etwas weitläufig wiedergegeben, um dem Leser einigermaassen die Schwierigkeiten jener Verhandlungen vor Augen zu führen und um anderseits den Kirchgenossen zu Stadt und Land die beruhigende Ueberzeugung zu gewähren, dass alle Fragen und alle Interessen sorgfältig und gründlich geprüft worden sind.

Das Ausscheidungsprojekt selbst, sowie es schliesslich von der Gesammtkirchenpflege gutgeheissen wurde, lautet nach dem Protokoll dieser Behörde vom 8. Dezember 1869 folgendermaassen:

Ergebniss der Berathungen der Gesammtkirchenpflege St. Peter, vom 16. November 1868, 22. Juni und 7. Juli 1869, betreffend Ausscheidung unter den vier Gliedern der Kirchgemeinde St. Peter.

Die Gesammtkirchenpflege St. Peter,
nach Anhörung und Berathung der Kommissionalanträge vom 8. Juni 1868 betreffend Ausscheidung unter den vier Gliedern der Kirchgemeinde St. Peter, hat nachstehende Beschlüsse gefasst:

Erster Abschnitt: *Grundsätze für ein zu entwerfendes Ausscheidungsprojekt.*

Auf den Fall einer Ausscheidung zwischen den vier Theilen der Kirchgemeinde St. Peter sind einer Theilung unter denselben folgende Grundsätze zu Grunde zu legen:

I. Theilungs-Inventar.

Auf das Theilungsinventar sind zu setzen:
A. Als Aktiva:
1. Das in Kapitalien und Grundzinsen bestehende Kirchengut gemäss den Rechnungen, der Orgelfond und die der Kirche gehörenden Kirchenörter (letztere sollen jedoch nicht gewerthet werden).

2. Die St. Peterskirche[39]) in billiger Schatzung.
3. Der Taufstein, die Taufgeräthe und eine Kirchenglocke im Thurm.
4. Ein Harmonium.
5. Eine alte Orgel.
6. Ein Kronleuchter.
7. 26 Petroleumlampen.
8. Das Abendmahlgeräthe (Becher, Kannen, Teller).
9. Der Kirchhofplatz auf beiden Seiten.
10. Das Pfarrhaus sammt Garten.
11. Das Helfereigebäude.
12. Das Sigristenhaus.
13. Das Waschhaus (sammt Mobiliar).
14. Der Kirchhof zu St. Anna.
15. Das Bethaus in Aussersihl (nur die Schaale des Gebäudes; das Innere und das Thürmchen sind Eigenthum der Gemeinde Aussersihl).
16. Der Kirchhof zu St. Jakob in Aussersihl.
17. Der Kirchhof in Enge.
18. Der Kirchhof in Wiedikon.
19. Das Werkgeschirr des Todtengräbers.

B. Als Passivum:

Ein Pfrundkapital von 100,000 Frkn., welches dem Stadttheil St. Peter als Ausrichtung zu übergeben ist, um aus dem Ertrag desselben die bisher auf dem Kirchengut liegende Last der Besoldung zweier Geistlichen zu bestreiten — Sollte indessen der Staat je ohne Entschädigung von Seite der Stadtabtheilung diese Besoldungen übernehmen, so wäre auch dieses Pfrundkapital nachträglich unter den vier Theilen der jetzigen Kirchgemeinde nach gleichen Grundsätzen wie das Uebrige zu theilen.

---

[39]) Dieselbe enthält nach dem Urbar im Ganzen 1941 Kirchenörter, nämlich 1344 in der unteren Kirche, 544 in der Emporkirche, 53 im Chor. Der Thurm sowie 4 Kirchenglocken gehören nicht der Kirchgemeinde, sondern sind Eigenthum der Stadt Zürich. Einzig die kleinste Glocke (250 Pfund wiegend) mit der Umschrift: „Soli Deo honor et gloria!" gehört der Gemeinde. (Gegossen 1615 von Hs. Heinrich Wiederkehr.)

II. Maassstab der Theilung.

1. Für die Berechnung des Antheils am gesammten Kirchengut, welcher auf die einzelnen Abtheilungen der Kirchgemeinde fällt, bildet gemäss § 165 des Gesetzes über das Gemeindewesen vom 25. April 1866 zunächst die Seelenzahl der evangelisch-reformirten Bürgerschaft jedes Theiles den Maassstab. In billiger Berücksichtigung der ausnahmsweisen Verhältnisse der Gemeinde Aussersihl soll indessen hievon, soweit erforderlich, abgegangen und in einem den vier Gemeinden vorzulegenden Theilungsprojekt der auf jede derselben fallende Antheil in bestimmter, für alle Theile gegenseitig bindender Proportion festgestellt werden.

2. Sowohl hinsichtlich der Zählung der Seelenzahl der reformirten Bürgerschaften als hinsichtlich der Schätzung der Liegenschaften soll in einem aufzustellenden Theilungsprojekte ein bestimmter Zeitpunkt der Berechnung festgehalten werden.

III. Abstimmung über ein aufzustellendes Theilungsprojekt und Vollzug desselben.

Nach Aufstellung eines Theilungsprojektes soll folgendes Verfahren beobachtet werden:

1. Die Abstimmung hat getrennt in den einzelnen vier Abtheilungen der Gemeinde, nicht in einer Gesammtkirchgemeinde zu geschehen, und zwar soll in jeder dieser vier Separatgemeinden der Gesammtheit der stimmberechtigten reformirten Bürger und Einwohner die Frage vorgelegt werden: „ob sie nach den im Theilungsprojekte enthaltenen Grundsätzen ihre Ausstattung aus dem allgemeinen St. Petrinischen Kirchengut verlangen wolle?"

Dabei soll es jeder einzelnen Gemeinde freistehen, eine solche Ausstattung dannzumal sogleich oder erst später zu verlangen; jede soll in ihren Entschlüssen ganz frei sein und nicht eine Mehrheit unter den vier Gliedern eine Minderheit zur sofortigen Trennung oder Belassung in statu quo zwingen können.

2. Allfällige Streitigkeiten bei Vollzug einer Ausscheidung sind vor die Verwaltungsbehörden, in erster Instanz den Bezirksrath, zum Austrag zu bringen.

Zweiter Abschnitt: *Weitere Behandlung des Gegenstandes überhaupt im Schoosse der Kirchenpflege und für die Gemeinden.*

Vorerst soll von der unterm 7. Juli 1869 niedergesetzten Kommission mit Benutzung der aufgenommenen Schatzungen über die Liegenschaften des Kirchengutes und der statistischen Angaben ein Theilungsprojekt in Zahlen und unter Zugrundlegung der Grundsätze von Abschnitt I. Titel 1 u. 2 ausgearbeitet, im Zusammentritt mit der früher bestellten Kommission festgestellt und sodann der Gesammtkirchenpflege vorgelegt werden. Gleichzeitig ist ein sorgfältiges Memorial über die historischen und rechtlichen Verhältnisse der St. Peterskirchgemeinde auszuarbeiten Sodann sollen beide Arbeiten, Memorial und Theilungsprojekt, durch den Druck veröffentlicht werden, und erst nachdem hiedurch die sämmtlichen Gemeindeangehörigen über die Verhältnisse hinlänglich aufgeklärt worden sind, soll ein Zusammentritt und eine Abstimmung der vier einzelnen Gemeinden im Sinne von Abschnitt I. Titel III. angeordnet werden.

Die sämmtlichen Liegenschaften und Mobilien des Kirchengutes wurden zwei Mal und zwar von verschiedenen Experten geschätzt. Diese Expertisen sind aber durchaus noch nicht maassgebend, sondern es wird vielmehr auf den Zeitpunkt der definitiven Ausscheidung eine neue Schatzung aufgenommen, beziehungsweise unter Benutzung der frühern Ansätze von der Gesammtkirchenpflege vereinbart werden müssen. Man hat auch jene Schatzungen in erster Linie desshalb aufnehmen lassen, um einen Anhaltspunkt für eine vorläufige ungefähre Berechnung zu haben. Wir halten uns daher nicht für berechtigt, jene Schatzungen hier mitzutheilen; wohl aber dürfte es für den Leser von Interesse sein, wenigstens die Assekuranzwerthe der Gebäude und den Quadratinhalt der Kirchhöfe zu kennen.

Assekuranzwerth der Gebäude im Februar 1868:

Pfarrkirche St. Peter .	Frkn.	50,000. —
Pfarrhaus	„	40,000. —
Helferei	„	39,000. —
Uebertrag	Frkn.	129,000. —

	Uebertrag	Frkn.	129,000. —
Sigristenhaus		„	18,000. —
Waschhaus		„	1,500. —
Bethaus St. Jakob . .		„	24,000. —
	Summa	Frkn.	172,500. —

Der Flächeninhalt der Friedhöfe beträgt in Quadratfussen:

St Jakob in Aussersihl 26,969
Friedhof in Wiedikon . 23,260 (urspr. 10,000, dann 1858 um 6715 und 1868 um weitere 6545 □' erweitert).
Friedhof in Enge . . 26,848 (urspr. 19,882, dann 1858 um 6966 □' erweitert).
Alter Kirchhof zu St. Anna 22,600.

Die beiden offenen Plätze um die St. Peterskirche herum, welche im Theilungsinventar I. A. als Ziffer 9 erscheinen, hätten wohl füglich weggelassen werden dürfen; denn sie werden faktisch schon jetzt als Reichsboden betrachtet. Die Kirchgemeinde hätte nämlich bei einer theilweisen Expropriation behufs Durchbruchs einer Verbindungsstrasse vom Weggenplatz zur Bahnhofstrasse, wovon bekanntlich vor einigen Jahren ernstlich die Rede war, schwerlich einen Rappen Entschädigung erhalten.

Schon der erste Kommissionalbericht hatte am Schluss eine ganz unmaassgebliche Berechnung auf den Grundlagen des Theilungsprojektes aufgestellt, einzig in der Absicht, eine ungefähre Idee von dem dereinstigen ökonomischen Resultat einer Ausscheidung zu geben, so wie es sich im Ganzen und für die vier Bestandtheile der Gesammtgemeinde ergeben würde. Nur aus diesem Grunde lassen wir hier ebenfalls eine solche Berechnung folgen, erklären aber ausdrücklich, dass sie bloss den Werth und die Bedeutung eines **erläuternden arithmetischen Beispiels** hat. Je nachdem eine Schatzung der Liegenschaften zu Grunde gelegt, je nach der Grösse der Kapitalien des Kirchengutes und nach der Seelenzahl der reformirten Bürger zur Zeit der wirklichen Liquidation wird sich die Rechnung wieder anders gestalten. Die Kommission ist nach einer ungefähren vorläufigen Schatzung der reformirten Bürger damals zu dem Schlusse gelangt, dass sich das Kirchengut vertheilen würde zu zirka 4/7 auf den Stadttheil und 3/7 für die drei Ausgemeinden.

Unmaassgebliche Berechnung.

Kapitalien laut der Kirchengutsrechnung von 1869	Frkn. 195,000. —
Liegenschaften⁶⁰)	„ 238,000. —
Mobilien nach vollständiger Schätzung .	„ 3,000. —
Titel der Aktiven	Frkn. 436,000. —
Hievon ab das Pfrundkapital	„ 100,000. —
Bleibt als zu vertheilendes Kirchengut .	Frkn. 336,000.
Hievon erhielte der Stadttheil 4/7 oder .	Frkn. 192,000. —
Die 3 Ausgemeinden zusammen 3/7 oder	„ 144,000. —
Summa wie oben	Frkn. 336,000 —
Jede Ausgemeinde⁶¹) erhielte ca. 1/7 oder	Frkn. 48,000. —
Die Gemeinde St. Peter Stadttheil . .	„ 192,000. —
und das Pfrundkapital	„ 100,000. —
Summa	Frkn. 292,000. —

Da letztere aber an dieser Summe übernehmen müsste:
zirka Frkn. 215,000 in Liegenschaften
und „ 3,000 in Mobilien
so blieben ihr effektiv als zinstragendes Kapital bloss Frkn. 77,000. Die Stadt erhält also, ob die Rechnung sich etwas günstiger oder ungünstiger gestalte (und wir haben hier absichtlich eine für die Stadt ungünstige Schatzung der Liegenschaften zu Grunde gelegt) nicht einmal den Pfrundfond (jene Frkn. 100,000) vollständig, sondern wird darauf bedacht sein müssen, so bald

---

⁶⁰) Inclusive Bethaus St. Jakob und Kirchhof zu St. Anna, jedoch ohne die Friedhöfe in Enge, Wiedikon und Aussersihl; das Bethaus zu St. Jakob und das Leichenhaus hätten sich die Stadtabtheilung und Aussersihl je zur Hälfte in Anrechnung bringen zu lassen, ebenso Wiedikon sein Leichenhaus und die Stadt den Kirchhof St. Anna. Dagegen fielen die andern drei Begräbnissplätze ihren resp. Gemeinden unbeschwert zu.

⁶¹) Wie sich Enge und Leimbach zusammen verständigen wollen, ist ihre Sache, gerade wie der Stadttheil mit Aussersihl wieder besondere Vereinbarungen treffen muss rücksichtlich des gemeinschaftlichen Kirchhofes zu St. Jakob.

wie möglich sei es das Pfarrhaus sammt Garten, sei es die Helferei zu verkaufen, um nur ihre zwei Herren Geistlichen besolden zu können. Ein Kirchengut bekömmt sie gar nicht, sondern nur Gebäude sammt Pertinenzen. Dieses arithmetische Beispiel dürfte daher am ehesten geeignet sein, allfällige irrthümliche Ansichten, welche vielleicht in den Ausgemeinden verbreitet sind, zu widerlegen. Oekonomisch betrachtet ist die Ausscheidung durchaus kein Gewinn für den Stadttheil. Die Lasten, welche derselbe in Zukunft übernehmen muss, sind wahrlich eben so gross, wie diejenigen der Ausgemeinden.

Zum Schlusse erlaubt sich der Verfasser noch eine mehr persönliche Bemerkung. Dass eine Vereinbarung über ein Ausscheidungsprogramm überhaupt zu Stande gebracht werden konnte, war wesentlich der einsichtigen und geschickten Präsidialleitung des Herrn Prof. G. v. Wyss[62]) zu verdanken, sowie zu einem guten Theil dem Umstande, dass die städtischen Mitglieder der Kirchenpflege zu den äussersten Konzessionen, die sich überhaupt machen liessen, Hand boten. Weiter aber wird man von Seite der städtischen Kirchgenossen nie gehen dürfen. Der Verfasser selbst ist nicht mit allen Punkten des Programms einverstanden; aber er hat hier absichtlich jede Kritik bei Seite gelassen, weil ihm auch für die Zukunft der Wunsch, ein friedliches und freundliches Einverständniss zu ermöglichen, höher steht, als die Geltendmachung persönlicher Anschauungen.

---

62) Von 1822 an, also während 44 Jahren, war Herr Bürgermeister Konrad v. Muralt an der Spitze unserer Kirchgemeinde gestanden und hatte auch hier sich grosse Verdienste und die allgemeine Achtung erworben. Seinem Einflusse war vornehmlich die Berufung des trefflichen Fäsi zu verdanken gewesen und seiner Geschäftsgewandtheit die glückliche und schnelle Durchführung der oben (S. 35 ff.) geschilderten Ausscheidungen des Armen- und Schulgutes. Zunehmende Altersschwäche bewog ihn im Jahr 1866, seine Stelle als Mitglied und Präsident der Pflege niederzulegen. Von da an bekleidete Herr Prof. G. v. Wyss das Präsidium der Behörde.

Viertes Kapitel.

Die Orgel- und Beheizungsfrage.

Zu der Zeit, da die Gesammtkirchenpflege das Ausscheidungsprojekt ihrer Prüfung unterstellte, war unsere St. Peterskirche Zeuge einer erhebenden und pietätsvollen Jubiläumsfeier. Sowohl der treue und biedere Seelsorger der Gemeinde, Herr alt Antistes J. J. Brunner (geboren 1794, Pfarrer am St. Peter seit 1852 bis zu seinem Tode), als sein Jugendfreund und Amtsbruder, Herr Joh. Pestalozzi, Diakon an der Predigerkirche, hatten 50 Jahre lang im Dienst der zürcherischen Kirche gearbeitet. Sonntags den 4. Oktober 1868 Nachmittags[63]) fand in unserm freundlich mit Blumen geschmückten Gotteshaus eine kirchliche Jubiläumsfeier statt, die eben so sehr den beiden greisen Geistlichen als denen, welche das Fest veranstaltet hatten, zur Ehre gereichte, und die es wohl verdient, in den Annalen unserer St. Peterskirche aufgezeichnet zu werden.

Leider ist es uns nicht vergönnt, unsere geschichtliche Darstellung mit Erwähnung dieses Ereignisses zu schliessen. Hatten die unklaren und exzeptionellen Rechtsverhältnisse der Kirchgemeinde früher zu Differenzen und Rekursen zwischen den Ausgemeinden und der Stadtabtheilung geführt, so entwickelte sich aus den gleichen Ursachen nun auch noch eine Verschiedenheit der Ansichten innerhalb der städtischen Gemeinde selbst.

Wer noch irgend Zweifel darüber hegen könnte, dass die anomale Lage, in welcher sich namentlich die Petrinische Stadtabtheilung befindet, für die Förderung der kirchlichen Interessen einen beständigen Hemmschuh bildet, und dass seit Erlass des Kirchengesetzes von 1861 die St. Petersgemeinde gleichsam verurtheilt scheint, fortwährend aus einer

---

[63]) Nicht volle zwei Jahre nachher (Sonntags den 7. August 1870) stund der zweite Jubilar auf der gleichen Kanzel, schmerzlich bewegt, um seinem vorangegangenen Freunde Brunner eine eben so herzliche als tief ergreifende Gedächtnisspredigt zu halten. Zum Texte hatte er den Lieblingsspruch des Dahingeschiedenen: Römer XIV, 17. u. 18, gewählt.

Schwierigkeit in die andere zu gerathen, den dürften die jüngsten Vorgänge betreffend Erstellung einer Orgel und Beheizung darüber vollständig belehren.

Längst schon war von einem grossen Theil der städtischen Kirchenbesucher der Wunsch geäussert worden, es möchte im St. Peter auf Erstellung einer Beheizung Bedacht genommen werden. Als aber im Jahr 1864 die Frage zum ersten Mal auftauchte, war man damals sowohl im Schoosse einer Privatversammlung als in der städtischen Kirchenpflege einverstanden, es müsse damit zugewartet werden, bis die Trennung von den Ausgemeinden vollzogen sei. Plötzlich im Jahre 1869 wurde aber diese Frage von einer Anzahl städtischer Kirchgenossen aufs lebhafteste wieder aufgenommen und beschlossen, in einer Petition an die Gesammtkirchenpflege hierauf, sowie zugleich auch auf die Erstellung einer Orgel zu dringen. Die Petenten wollten durch diese beiden Unternehmungen den Besuch des Gottesdienstes und das kirchliche Leben in der Gemeinde überhaupt fördern und beleben, und giengen von der Ansicht aus, da eine Kirchensteuer ja doch unausweichlich sei, so möchte es zwekmässiger sein, sofort beide Wünsche zu verwirklichen Die städtische Kirchenpflege, welche die guten Motive der Petenten keineswegs verkannte, sah doch in jenem Moment diese Petition ungerne. Sie war so sehr von der Ansicht durchdrungen, dass nach Allem, was bereits geschehen war, nun die Durchführung der Ausscheidung ihren ruhigen Gang nehmen sollte, dass die Erfüllung von Lieblingswünschen, die sich als Luxusausgaben bezeichnen lassen, doch wohl verschoben werden dürfte, bis man ein eigenes Gotteshaus besitze, und dass nichts verkehrter wäre, als auf Kosten der Gesammtgemeinde Werke zu erstellen, die in nächster Zukunft ja doch nur dem Stadttheil zugut kommen und welche den Werth der Kirche bedeutend erhöhen, also die ökonomische Last bei der Liquidation für den Stadttheil wiederum ungünstiger gestalten würden. Warum überhaupt, musste man sich fragen, hiedurch wieder einen neuen Kitt zwischen Mutterkirche und Ausgemeinden schaffen? warum die Verhältnisse noch mehr komplizieren? Die städtischen Mitglieder der Kirchenpflege bewogen daher die Petenten, wenn sie sich nicht entschliessen könnten, zur Zeit von ihrem Wunsche abzugehen, ihr Gesuch wenigstens bloss an die städtische und nicht an die Gesammtkirchenpflege zu richten und es dann jener vertrauensvoll zu überlassen, den richtigen Weg einzuschlagen. Diesem Wunsche wurde willfahrt und die betreffende Petition der städtischen Kirchenpflege eingereicht. Diese hielt dafür, es wäre das richtigste und einfachste, vor der Hand von einer Orgel ganz abzusehen, die Beheizung aber durch freiwillige Beiträge städtischer Kirchgenossen zu erstellen, nicht vermittelst einer obligatorischen Steuer, um die so schwierige Frage, ob überhaupt der Stadttheil berechtigt sei, allein eine Steuer zu erheben, zu umgehen und allfällige Rekurse und Verwickelungen von vornherein abzuschneiden. Dabei sollte aber dafür Vorsorge getroffen werden, dass die Gesammtgemeinde ihre Einwilligung gebe und dass sie schon jetzt erkläre, dass dereinst bei einer Ausscheidung die Beheizungs-Einrichtung, weil ausschliesslich durch städtische Mittel erstellt, ohne weitere Anrechnung dem Stadttheil zufalle. Die Angelegenheit selbst bot indessen verschiedene Schwierigkeiten sowohl nach der rechtlichen wie nach der technischen Seite hin und machte daher eine allseitige nähere Prüfung unbedingt nothwendig. In der städtischen Kirchgemeinde vom 8. August 1869 beantragte daher die städtische Kirchenpflege einmüthig zunächst Niedersetzung einer gemischten Kommission zur nähern und allseitigen Prüfung dieser Angelegenheit. Ohne allen Grund glaubten die Petenten, die Behörde wolle die ganze Angelegenheit verzögern und einschlafen lassen, und daher wurde aus ihrem Schooss der Gegenantrag gestellt, sofort die Erstellung sowohl einer Heizeinrichtung als einer Orgel durch die Gemeinde grundsätzlich zu dekretiren. Dieser Antrag erhielt das Mehr. Damit war der Kirchenpflege ein Misstrauensvotum ausgesprochen und zugleich die Steuerfrage implicite entschieden. Jenes Misstrauensvotum war um so empfindlicher, als es hauptsächlich durch die Rede eines Mitgliedes der Kirchenpflege selbst bewirkt wurde, welches in derselben ihrem Antrage beigetreten war, in der Gemeindeversammlung aber ihn aufs heftigste bestritt und als blosses Manöver verdächtigte. Der weitere Verlauf dieser Angelegenheit, in dessen Einzelheiten wir hier nicht eintreten wollen, hatte zur Folge, dass sowohl der Präsident, Herr Professor G. v. Wyss[64]),

---

[64]) Sein Nachfolger im Präsidium wurde Herr Oberrichter J. Weiss. Leider hat ein allzu früher Tod diesen wackern und thätigen Mann,

als auch der Verfasser dieser Schrift, sowie drei andere langjährige Mitglieder der städtischen Kirchenpflege ihren Austritt aus der Behörde nahmen. Die Angelegenheit führte nämlich zu Verhandlungen auch vor den Oberbehörden, aus denen wir nur die beiden Rekursalbescheide des Bezirksrathes und des Regierungsrathes hier mittheilen wollen. Schon vor der Abstimmung hatten nämlich mehrere angesehene Kirchgenossen erklärt, dass sie gegen einen solchen Beschluss Rekurs ergreifen würden, weil sie der städtischen Kirchgemeinde, die eben leider keine selbstsändige Kirchgemeinde sei, das Recht, städtische Separatsteuern zu beschliessen, nicht zuerkennen können.

Der Entscheid des Bezirksrathes vom 4. November 1869 lautet also:

1. „Es kommt vor allem in Frage, ob die städtische Abtheilung der Kirchgemeinde St. Peter eine zum Steuerbezug berechtigte Genossenschaft sei. Diese Frage könnte nach dem gegenwärtigen Stand der faktischen Verhältnisse kaum in bejahendem Sinne entschieden werden; denn so wenig zu verkennen ist, dass dieselbe gewisse Attribute, die als Anfänge zu Bildung einer selbstständigen Korporation zu betrachten sind, besitzt und dass die Zeitverhältnisse ihre Entwicklung in dieser Richtung befördern mögen; ebenso wenig kann bestritten werden, dass zur Zeit die gemeinsamen Rechte, Obliegenheiten und Bedürfnisse der Kirchgemeinde St. Peter nur auf der Gesammtgemeinde ruhen, und dass die Stadtabtheilung derselben eine mit allen Rechten und Befugnissen ausgerüstete, vollständig ausgebildete und staatlich anerkannte Gemeinde nicht ist (Kirchengesetz § 172, Anhang zum Gesetz betreffend Eintheilung des Kantons vom 22. April 1862), dass ihr somit dasjenige Moment noch abgeht, welches nach bisherigen Urtheilen des Regierungsrathes, z. B. vom 26. April 1860 und vom 23. November 1861 (Zeitschrift für zürcherische Rechtspflege Bd. X. pag. 250 und Bd. XIV. pag. 357) für die Berechtigung zum Steuerbezug als das entscheidende anzusehen ist.

---

der längere Zeit eine Zierde des zürcherischen Obergerichtes gewesen war, vor Kurzem dahingerafft.

2. „Bei diesem Stand der rechtlichen Frage erscheint der rekurrirte Beschluss als ein solcher, der die Rücksichten der Billigkeit, wie das Gesetz sie gewahrt wissen will (Gemeindegesetz § 106, litt. c.), verletzt und zwar aus folgenden Gründen:

 a.) Der rekurrirte Beschluss ist gefasst worden, entgegen einem Antrag der städtischen Abtheilung der Kirchenpflege, welcher auf eine nähere Prüfung des Gegenstandes durch eine grössere Kommission gieng; diese nähere Prüfung wurde abgelehnt, die Steuer ohne Vorlage von Uebernahmsofferten oder von geprüften Kostenberechnungen beschlossen und in dieser Weise der erste Schritt auf einer neuen Bahn von grosser prinzipieller Tragweite gethan.

 b.) Die beschlossene Steuer bezieht sich nicht auf Sonderbedürfnisse der städtischen Abtheilung der Kirchgemeinde, welche nur diese angiengen und für welche daher auch nur sie einzustehen hätte. Die Kirche ist Eigenthum der ungetrennten Gesammtkirchgemeinde; an ihre Benutzung haben alle Kirchgenossen der Stadtabtheilung und der Ausgemeinden rechtlichen Anspruch; ihr stehen daher, wenn es sich um Heizbarmachung des gemeinsamen gottesdienstlichen Lokales und um Erstellung einer Orgel für dasselbe handelt, diese Leistungen zu (vergl. § 478 des privatrechtl. Gesetzbuches). Wenn dann gleichwohl eine einzelne Abtheilung an der Stelle der Gesammtgemeinde Leistungen, die dieser zustehen, übernehmen soll, so könnte diess nur durch einen Akt geschehen, der theils durch die Einwilligung der Gesammtgemeinde ergänzt werden muss (Dispositiv 3 des rekurrirten Beschlusses), theils für die übernehmende Genossenschaft das Prinzip der Freiwilligkeit wahrt; diess ist aber nicht der Fall, wenn die übernommene Leistung durch Steuer, d. h. durch Zwang als Schuld, auf die einzelnen Glieder gelegt wird.

 c.) Der rekurrirte Beschluss ist endlich gerade in dem Zeitpunkte gefasst worden, wo einerseits der Gesammtkirchgemeinde eine Steuer zur Deckung des Ausfalles aus der gemeinsamen Kasse bevorsteht, anderseits die Verhandlungen über Trennung der verschiedenen Bestandtheile der Kirchgemeinde im Gange sind, einer

Trennung, die als dringendes Bedürfniss der Zeit anerkannt ist.

3. „Nach diesen Erwägungen kann der Beschluss der städtischen Abtheilung der Kirchgemeinde St. Peter, wenn von betheiligten Gliedern derselben Einsprache dagegen erhoben wird, gemäss Artikel 48 der Staatsverfassung und § 106 c. des Gemeindegesetzes nicht aufrecht erhalten werden, wie wünschbar und zweckmässig an sich die beschlossenen Leistungen auch sind."

Der h. Regierungsrath aber entschied unterm 26. März 1870 folgendermaassen:

„Es kommt in Betracht:

1. Daraus, dass noch irgend ein Verband der Ausgemeinden mit der Petrinischen Kirche besteht, kann nicht gefolgert werden, dass der städtischen Abtheilung der Petrinischen Gesammtkirchgemeinde die Eigenschaft der zur Bildung einer Korporation erforderlichen Selbstständigkeit in dem Maasse abgehe, dass sie keine Berechtigung besitzen sollte, rechtskräftige Beschlüsse zu fassen. § 172 des Gesetzes betreffend das Kirchenwesen stellt neben einer Gesammtkirchenpflege für die St. Petersgemeinde Separatkirchenpflegen sowohl für die Stadtgemeinde als für die Ausgemeinden auf und bestimmt ausdrücklich, dass Mitglieder und Präsident von den Stimmberechtigten der Stadtabtheilung zu wählen seien. In dem Beschlusse des Grossen Rathes betreffend den revidirten zweiten Theil des Anhanges zu dem Gesetz betreffend die Eintheilung des Kantons etc. vom 22. April 1862 ist St. Peter unter den Kirchgemeinden der politischen Gemeinde Zürich aufgeführt; es kann der Umstand, dass ihr die Eigenschaft einer politischen Gemeinde abgeht, auf ihre Stellung als Kirchgemeinde so wenig Einfluss haben, als auf diejenige irgend einer andern Kirchgemeinde der Stadt Zürich. Litt. c. der „ausnahmsweisen Verhältnisse" dieses Grossrathsbeschlusses giebt der städtischen Abtheilung der St. Petersgemeinde ausdrücklich den Charakter einer Kirchgemeinde, indem dort gesagt wird: „Die Stadt Zürich theilt sich in die Kirchgemeinden Nr. 1—4, von denen Nr. 3 (St. Peter) mit den Ausgemeinden Enge, Wiedikon und Aussersihl und Nr. 4 (Predigern) mit den Ausgemeinden Oberstrass, Unterstrass und Fluntern im Sinne der §§ 168 und 233 des Kirchengesetzes kirchlich verbunden sind." In den §§ 168 und 233

des Kirchengesetzes ist jedoch nichts enthalten, das geeignet wäre, den städtischen Kirchgemeinden St. Peter und Predigern die Eigenschaft wirklicher Gemeinden zu benehmen. Wenn aber die Eigenschaft von Kirchgemeinden den städtischen Bestandtheilen der Gesammtkirchgemeinden von St. Peter und Predigern in gleicher Weise zukommt, so muss ihnen auch das von den Rekurrenten bestrittene Besteuerungsrecht zukommen.

2. Wenn ferner das Kirchengesetz den Ausgemeinden unter Erfüllung gewisser Bedingungen eine Selbstständigkeit in Aussicht stellt, welche derjenigen der übrigen Kirchgemeinden gleichkommt, und nun bei den Ausgemeinden St. Peter diese Entwicklung bereits Faktum geworden ist, so scheint es nach den Tendenzen dieser Gesetzesbestimmungen fast selbstverständlich zu sein, dass der noch übrig bleibende Stock der frühern Gesammtkirchgemeinde ebenso selbstständig sein muss wie die Ausgemeinden, sofern es sich um Fragen handelt, die die kirchlichen Bedürfnisse dieses Theils beschlagen. Würde diese Folgerung nicht als richtig anerkannt, so läge die Möglichkeit vor, dass die Ausgemeinden ihre kirchlichen Bedürfnisse selbst besorgen müssten, daneben aber doch verpflichtet wären, die Lasten für kirchliche Bedürfnisse lediglich der Muttergemeinde mitzutragen.

3. Eine Gemeinde ist unter allen Umständen berechtigt, einen den Anträgen der betreffenden Gemeindsbehörde entgegengesetzten Beschluss zu fassen, und es ist ein solcher Beschluss, insofern dabei keine formellen Verstösse vorgekommen sind, was im vorliegenden Falle weder behauptet noch nachgewiesen wird, oder derselbe nicht aus den in Artikel 48 der Verfassung aufgeführten Gründen angefochten werden kann, aufrecht zu erhalten.

4. Nach der Sachlage, namentlich wenn die aus dem Beschlusse erwachsende Steuerlast ins Auge gefasst wird, kann davon ebenfalls nicht die Rede sein, dass im vorliegenden Falle einer der Gründe zutreffe, aus welchem Minderheiten nach Artikel 48 der Verfassung das Recht erwachsen kann, Gemeindsbeschlüsse in sachlicher Beziehung anzufechten.

5. Da jedoch die Kirche zum St. Peter unbestritten zur Zeit noch gemeinsames Eigenthum der Gesammtkirchgemeinde ist, können bauliche Veränderungen von solcher Bedeutung ohne Zustimmung der Gesammtgemeinde nicht vorgenommen

werden; es ist daher, bevor der Beschluss der Kirchgemeinde St. Peter, Stadtabtheilung, ausgeführt werden kann, die Genehmigung jener einzuholen."

Man ist wirklich überrascht, wenn man diesen regierungsräthlichen Entscheid liest. Ohne das Unstichhaltige der Motivirung im Einzelnen (z. B. Schlusssatz von Erwägung 2) nachzuweisen, wollen wir nur den Hauptpunkt herausheben. Also eine Gemeindeabtheilung, die nicht einmal selbstständig und allein ihre Geistlichen wählen darf, die man durch den Bescheid vom Jahr 1864, wo es sich ja gerade um die Frage gehandelt hatte, ob für Separatbedürfnisse Separatsteuern zulässig seien oder nicht, im Gesammtorganismus förmlich untergehen liess, soll nun doch eine Kirchgemeinde mit Steuerrecht sein! Eine solche Logik ist in der That eigenthümlich. Man braucht nicht Jurist zu sein, um einzusehen, dass entweder der Entscheid des Regierungsrathes vom 3. März 1864 oder derjenige vom 26. März 1870 unrichtig ist; denn beide sind mit einander durchaus unvereinbar. Wir haben den Entscheid vom Jahr 1864 nie für richtig gehalten; aber nachdem er einmal in Rechtskraft erwachsen war, konnte er nicht einfach ausser Acht gelassen werden; denn in der Gerichtspraxis (und auch die Rekursalentscheide von Verwaltungsbehörden in Administrativstreitigkeiten sind eine Art Urtheile) gilt überall der Grundsatz, dass frühere Entscheide maassgebend seien für spätere, ein gleiches oder ähnliches Verhältniss beschlagende Fälle. Will sich aber die Behörde nach reiflicher Prüfung der Sache und aus bestimmten Gründen auf einen andern Standpunkt stellen, so muss sie alsdann wenigstens die Abweichung gehörig motiviren. Die Rekurrenten waren also gewiss berechtigt anzunehmen, dass der im Jahr 1864 geschaffene Rechtsboden festgehalten werde, und konnten nicht ahnen, dass jetzt plötzlich nicht mehr $^4/_4 = 1$, sondern $^4/_4 = 4$ sei. Sie dürfen sich indessen damit trösten, einerseits dass sie in guten Treuen[65]) gehandelt haben, andererseits dass die erste Instanz, welche überhaupt die Sache viel einsich-

---

[65]) Der Verfasser gehörte nicht zu den Rekurrenten; er glaubt aber um so mehr schuldig zu sein, jene Ehrenmänner hier noch ausdrücklich in Schutz zu nehmen, als mehrere Kirchgenossen sich nicht entblödet hatten auszustreuen, jener Rekurs werde nur aus Abneigung gegen eine Steuer erhoben.

tiger und gründlicher prüfte, ihren Standpunkt vollständig getheilt hat.

Der Beschluss der Gemeinde vom 8. August 1869 trat somit in verbindliche Kraft und es wurden nun zur Ausführung desselben von Seite einer Kommission von 19 Mitgliedern unter Zuzug von Experten die nöthigen Vorarbeiten und Berechnungen gemacht. Für die Erstellung der Heizung wurden 10,000 Frkn. budgetirt. Hinsichtlich der Orgelbaute[66]) wandte sich die Kommission zunächst an die Herren Orgelbauer Kuhn und Spaich in Männedorf, welche detaillirte Dispositionen zu einer Orgel von 36 Registern (Kostenbetrag 24,000 Frkn.) und zu einer solchen von 42 Registern (Erstellungssumme 27,000 Frkn., jeweilen ohne Gehäuse) eingereicht haben. Diese Dispositionen gelangten zur Begutachtung an den Orgelvirtuosen Herrn Professor Faisst in Stuttgart, der sich über die Vorlage sehr anerkennenswerth aussprach. Bald nachher gieng ein freiwilliges Gutachten von Herrn Musikdirektor Sradowsky in Chur ein, welcher, namentlich auch mit Rücksicht auf Konzerte, eine Orgel mit 53 Registern empfahl und die Kosten auf 35,000 Frkn. fixirte. Nach abermaliger Begutachtung durch Herrn Professor Faisst, welcher nunmehr auf 45 Register gieng, und in dritter Linie durch den tüchtigen Kenner der Orgelbaukunst Herrn Pfarrer Bucher in Basel, welcher 49 Register vorschlug, entschloss sich die Kommission zu einem Werke von 50 Registern und vereinbarte mit den Herren Kuhn und Spaich in Männedorf einen Vertrag zur Erstellung einer Orgel im genannten Umfang, mit Anbringung der neuesten Einrichtungen und zehnjähriger Garantie, um die Summe von 34,000 Frkn. Das Orgelgehäuse wird von den Herren Gebrüder Müller in Wyl um die Summe von 4000 Frkn. geliefert. 2000 Frkn. werden für nöthige Bauten auf der Emporkirche gerechnet. 2000 Frkn. für Expertisen (worunter namentlich die seinerzeit vorzunehmende Schlussexpertise mit 1000 Frkn. erscheint) und endlich 3000 Frkn. für Unvorhergesehenes angesetzt, so dass sich die ganze Orgelbaute auf 45,000 Frkn. beläuft, wobei indessen eine

---

[66]) Wir theilen die folgenden Daten, obwohl sie mit dem eigentlichen Zweck unserer Schrift in keinem direkten Zusammenhang stehen, doch mit, da sie auch für spätere Zeiten von Interesse sein dürften.

allfällige Entschädigung für die dabei zu entfernenden Kirchenstühle nicht inbegriffen ist. Hinsichtlich des letztern Punktes erwartet die Kirchenpflege keine weitern Ausgaben, da zur Zeit schon ein sehr bedeutender Theil der betroffenen Eigenthümer von Kirchenstühlen auf jegliche Entschädigung verzichtet hat und man vom übrigen Theil ein Gleiches voraussetzt.

Nachdem die Gesammtkirchgemeinde am 29. Mai 1870 ihre Einwilligung zur Erstellung dieser Werke in der beantragten Weise gegeben hatte, trat am 10. Juli die städtische Kirchgemeinde zusammen, genehmigte die ihr gemachten Vorlagen und Anträge und beschloss zur Deckung der Ausgaben für das Jahr 1870 eine städtische Kirchensteuer von 20 Rpn pro mille (mit Hinzurechnung der früher schon beschlossenen Kirchensteuer der Gesammtgemeinde von 30 Rpn. zur Deckung vom Defizit, im Ganzen also für die städtischen Kirchgenossen 50 Rpn. pro mille) und für 1871 den Rest mit 30 Rpn. zu beziehen. Die Heizung ist bereits seit dem Christmonat 1870 erstellt und zur Befriedigung ausgefallen; die Orgel soll bis zum eidgenössischen Bettag dieses Jahres fertig werden.

Schlusswort.

Die Verfassungsrevision, welche den Kanton Zürich so tief bewegte, hat auch die Grundfesten unserer evangelisch-reformirten Landeskirche erschüttert. Eine neue Organisation derselben wird nothwendig. Auch sie soll volksthümlicher sich gestalten und in einer aus Geistlichen und Laien gemischten Synode ihre oberste Vertretung finden. Bereits liegt der von einer Synodalkommission ausgearbeitete Entwurf eines neuen Kirchengesetzes vor und ist mit etwelchen Abänderungen von der Geistlichkeits-Synode durchberathen und angenommen worden. Dieser Entwurf nimmt nun den prinzipiellen Standpunkt ein, alle Kirchgemeinden des Kantons rechtlich gleich zu stellen, und es wird also in Zukunft keine

Filialen [67]) und keine verkümmerten Ausgemeinden der Stadt Zürich mehr geben. Der Entwurf vermeidet nicht nur die Fehler des Kirchengesetzes von 1861, sondern erklärt geradezu die Stadtabtheilungen von St. Peter und Predigern sowie die sämmtlichen 6 beziehungsweise 7 Ausgemeinden der Stadt Zürich zu selbstständigen Kirchgemeinden, und zwar in der Weise, dass vom Tage der Inkrafttretung des Gesetzes an die beiden Gesammtkirchgemeinden St. Peter und Predigern rechtlich zu existiren aufgehört haben. Vorbehalten bleibt die ökonomische Ausscheidung.

Wir freuen uns herzlich, dass die Gesetzgebung nun endlich diesen letzten entscheidenden Schritt thut, der einer bessern Zukunft den Weg bahnt. Die Ausgemeinden sind zu beglückwünschen, dass ihre Geistlichen künftighin wie alle andern Pfarrer im Kanton gestellt sind sowohl nach Seite ihrer seelsorgerlichen Funktionen als in der Besoldung. Die Stadtabtheilung St. Peter mag sich glücklich preisen, dass die Frage, ob überhaupt und wann eine Trennung von ihren Ausgemeinden stattfinden solle, gar nicht mehr zum Gegenstand einer Abstimmung und sodann einer Petition an die oberste Landesbehörde gemacht werden muss, sondern durch das Gesetz gelöst wird. Für die St. Petrinische Gesammtkirchgemeinde handelt es sich bloss noch um die ökonomische Ausscheidung des Kirchengutes. Auch diese Angelegenheit ist nun vorbereitet und die öffentliche Meinung mehr als früher aufgeklärt. Die friedliche und ruhige Abwicklung dieser Aufgabe liegt nicht bloss im Interesse Aller, sie ist bei gutem Willen leicht möglich und wird wohl auch keinen grossen Schwierigkeiten mehr begegnen. Sollte es gelungen sein, zur Erreichung dieses Zieles durch vorliegende Schrift beigetragen zu haben, so ist ein langjähriger und lebhafter Wunsch des Verfassers erfüllt. Unserer lieben St. Peterskirche aber wünschen

---

[67]) Es bleibt zwar auch für die Zukunft das Verhältniss noch fortbestehen, dass zwei kleinere Gemeinden zusammen einen Pfarrer haben, z. B. Dorlikon und Altikon, Uhwiesen-Dachsen, Herrliberg-Wezwyl u. s. f., aber hier liegt nicht das Verhältniss von Filialen im eigentlichen und ursprünglichen Sinn vor. Letzteres sind nämlich und waren diejenigen Pfarrgemeinden in der Umgebung Zürichs, welche keine Pfrundgüter und daher auch keine Pfarrwohnungen haben. Sie wurden früher fast alle (z. B. Schwamendingen, Albisrieden) vom Stift Grossmünster besorgt.

wir, dass, wenn sie in Zukunft eine blosse Stadtkirche sein wird, ihr doch von Seite ihrer frühern Kirchgenossen ein freundliches und dankbares Andenken bewahrt bleibe. Auch bei einer Ausscheidung werden ja die Bewohner der Ausgemeinden vom Besuch des Gottesdienstes in der ehemaligen Mutterkirche nicht ausgeschlossen, und es dürfte jenes Verhältniss um so eher noch einige Zeit fortdauern, als die Ausgemeinden durch das neue Kirchengesetz und die neue Verfassung keineswegs gezwungen werden, sofort eigene Kirchen und Pfarrwohnungen zu bauen. Wenn aber auch sie einst daran gehen können, den schönsten Schmuck einer Gemeinde, eigene Gotteshäuser mit harmonischem Glockengeläute sich zu erbauen, so mögen alsdann ihre Kirchenglocken jenen Spruch aufnehmen, den die kleinste und einzige der Gemeinde im St. Petersthurm trägt und zur lebendigen Wahrheit machen:

Soli Deo honor et gloria!

Beilage.

Ergebniss
der eidg. Volkszählung vom 1. Christmonat 1870 mit Bezug auf die St. Peters-Kirchgemeinde.

	Reform. Einwohner.	Reform. Bürger.		
		Anwesende.	Abwesende.	Total.
Stadtabtheilung	5863	1717	499	2216
Wiedikon	2442	493	388	881
Enge-Leimbach	2847	385	423	808
Aussersihl	6117	417	432	849
	17,269	3012	1742	4754

Reformirte Einwohner der Stadtabtheilung . . 5,863.
   „   „   „ drei Ausgemeinden 11,406.
   „   „ im Ganzen . . . . 17,269.

Reformirte Bürger der Stadtabtheilung . . . 2216.
   „   „   „ drei Ausgemeinden . . 2538.[68])
   „   „ im Ganzen . . . . . . 4754.

Gesammtzahl der Einwohner nach den konfessionellen Verhältnissen.

	Protestanten.	Katholiken.	Andere christl. Konfessionen.	Israeliten.	Total.
Stadtabtheilung	5863	1040	155	67	7125
Wiedikon	2442	381	25	—	2848
Enge-Leimbach	2847	432	13	7	3299
Aussersihl	6117	1318	69	6	7510
	17,269	3171	262	80	20,782

[68]) Bei voller Anrechnung der sämmtlichen abwesenden Bürger auch der Ausgemeinden stellt sich demnach das Zahlenverhältniss etwas anders heraus als im Jahr 1869 (s. oben S. 99 und unmaassgebliche Berechnung auf S. 106). Beiläufig sei hier noch bemerkt, dass wesentlich die Konstatirung der abwesenden Bürger, welche nicht aus den amtlichen Zählungslisten, sondern nur aus den Pfarrbüchern zu entnehmen war, den Druck dieser Schrift, welche schon im Frühjahr vollendet war, verzögert hat.